DUMONT EXTRA

Bali

Roland Dusik

Inhalt

Selamat datang! *4*

Geschichte	*10*
Gut zu wissen!	*12*
Feste & Unterhaltung	*14*
Essen & Trinken	*16*
Sport & Freizeit	*18*
Sprachführer	*20*
Reise-Service	*22*

Orte von A–Z *26*

Extra-Touren *82*

Extra-Tour 1 *84*
Zu Berg- und Meerestempeln

Extra-Tour 2 *86*
Zu Künstlern und Kunsthandwerkern

Extra-Tour 3 *88*
Landleben auf Bali

Extra-Tour 4 *90*
Ein Besuch im Bali Aga-Dorf Tenganan

Extra-Tour 5 *92*
Besteigung des Gunung Agung

Impressum/Fotonachweis *94*

Register *95*

Selamat

Grüne Reisterrassen, Tempel, Schattenspiel und Gamelan – Pula
Dewata, die Insel der Götter, wie die Balinesen ihr Eiland nenner
zieht den Besucher sofort in ihren Bann. Immer wieder säume
schwankende Bambusstangen, geschmückt mit kunstvolle
Flechtwerk, die Straßen – es sind Penjor, Opfergaben, die mit de
heiligen Berg der Balinesen, dem Gunung Agung, in Verbindur

datang!

...tehen. Kleine Tempel tauchen am Wegesrand auf – oder inmitten ...er Felder. Wer Bali das erste Mal betritt, wird fast geblendet sein ...on der Flut der Opfergaben: in Hauseingängen, auf Gehsteigen, ...n Bäumen... Die Insel der Götter bemüht sich, eine solche zu ...leiben und dem Gast ein Leben zu bieten – wie Gott in ...ndonesien.

Bali
"Insel der Götter"

Bali, eine der rund 17 500 Inseln des indonesischen Archipels, zählt wohl zu den berühmtesten Eilanden der Welt. Es gilt als ein Reiseziel, auf das schon seit Jahrzehnten Besucher aus aller Herren Länder ihre Sehnsüchte nach dem Paradies auf Erden projizieren. Mit knapp 5600 km² gerade doppelt so groß wie das Saarland hat dieses Staubkorn auf der Weltkarte ein unglaubliches Repertoire an Gesichtern. Besucher faszinieren vor allem die prächtigen religiösen Rituale, die heiteren Tempelfeste, die feierlichen Prozessionen, die prunkvollen Feuerbestattungen, aber ebenso der schillernde kulturelle Reigen, die exotischen Maskenspiele, die geheimnisvollen Trancetänze, die anmutigen Legong-Darbietungen.

Auch die Landschaft setzt sich auf Bali grandios in Szene. In kaum 24 Stunden kann man allen Erscheinungsformen begegnen, deren die Natur fähig ist. Üppig grüne Reisterrassen – man sagt, sie seien die Himmelstreppen der balinesischen Götter – wechseln sich ab mit dramatischen Vulkankegeln, dichten tropischen Urwäldern und traumhaften Stränden, denen vielfach bunte Korallengärten vorgelagert sind. Oftmals werden hier Postkartenklischees zur Wirklichkeit.

Wer nicht nur die schnelle Urlaubsbräune einer gut geölten Ferienmaschinerie sucht, ist auf Bali gut aufgehoben – der Künstler und Lebenskünstler, der Strandläufer und Bergsteiger, der Genießer und Entdecker. Ein Geheimtipp unter den Fernreisenden ist die zauberhafte Insel indes schon lange nicht mehr. Bereits in den 1920er- und 30er-Jahren zog es eine bunt gemischte Schar ausländischer Maler und Musiker, Weltenbummler und Müßiggänger nach Bali. Die Künstler, darunter Walter Spies und Rudolf Bonnet, schlugen vor allem in Ubud ihr Quartier auf, wo sie sich von der einzigartigen Reisfeld-Landschaft und den vielfältigen künstlerischen Ausdrucksformen der Balinesen inspirieren ließen und ihrerseits die einheimischen Künste beeinflussten. In den 60er-Jahren kamen dann die Hippies und bewunderten am Kuta Beach die legendären Sonnenuntergänge, gewöhnlich berauscht von ›Ganja‹ oder ›Magic Mushrooms‹. Ihren Spuren folgten bald wahre Heerscharen von Touristen aus aller

Selamat datang

Tempel an Tempel, Schrein an Schrein – auf Bergen, im Wasser, in jedem Haus: der Pura Ulun Danu am Bratan-See

Welt. Heute verzeichnet das kleine Tropeneiland, dessen bedeutendster Devisenbringer der Fremdenverkehr ist, eine Million Touristenankünfte pro Jahr. Das entspricht einem Ausländer auf je vier Einwohner. Bei keinem religiösen Fest entlang der touristischen Hauptroute bleibt heute die Dorf- oder Glaubensgemeinschaft unter sich. Prunkvolle Leichenverbrennungen, Ereignisse von höchster religiöser Bedeutung, werden von lokalen Reiseagenturen vermarktet. Kaum sind sie angekündigt, setzen sich Lemmingen gleich tausende von Touristen in Bewegung. Bei den Zeremonien drängen dann Scharen blindwütiger Fotoamateure oft genug die Angehörigen der Verstorbenen als Statisten an die Peripherie. Doch bleibt der Besucher aus dem fremden Land ein diskreter Zaungast beim Odalan, dem ›Geburtstagsfest‹ des Tempels, empfangen ihn die Einheimischen zwanglos und lächelnd, gewähren die Chance, hinter den Fassaden des Tourismus noch das authentische Bali zu entdecken.

Durch die touristische Invasion scheint Bali Gefahr zu laufen, seine Seele zu verlieren. Vielfach ist der Zauber der Insel bereits einer zwischen Miami und München international genormten Tourismuskultur gewichen. Doch Coca-Cola und Hamburger sind noch lange keine Indikatoren für den Ausverkauf einer Kultur. Bali, so hat es den Anschein, bietet sich an, ohne sich preiszugeben. Ein magischer Schutzschild scheint die ›Götterinsel‹ nicht nur vor bösen Geistern zu bewahren, sondern auch vor den schlimmsten Auswüchsen der Moderne zu schützen. Entgegen allen düsteren Voraussagen hat Balis Kultur dem Tourismus bis jetzt standhaft getrotzt. Die Gegensätze zwischen Reich und Arm, zwischen mit dem Westen konfrontierten Menschen und der Landbevölkerung, die wie eh und je ihre Reisfelder bestellt, werden noch weitgehend aufgefangen.

Ungeachtet der vielen Touristen aus Amerika, Australien und Europa führen die Balinesen weiterhin ein Leben, das fest in einer alles durchdringenden Religiosität verankert ist. Anders als die muslimische Mehrheit Indonesiens bekennen sich die Balinesen zum Hin-

So hoch die prachtvollen Opfergaben auch getürmt sind, nie geraten sie ins Schwanken.

duismus, der sich hier jedoch zu einer eigenständigen und unverwechselbaren Variante entwickelt hat. Auf der Agama Hindu Dharma genannten balinesischen Religion, einem ungemein komplexen Gebilde, in dem hinduistische Glaubensinhalte vor allem mit Elementen des Buddhismus und altmalaiischen Vorstellungen wie dem Glauben an die Beseeltheit der Natur und der Vergöttlichung der Ahnen verschmolzen sind, basiert die gesamte Kultur und das ganze gesellschaftliche Leben Balis. Die religiöse Vorstellungswelt der Balinesen ist wohl geordnet in Gegensatzpaare. Himmel und Hölle, Rein und Unrein, Hell und Dunkel, Gut und Böse – eins ist so wichtig wie das andere, um die Weltharmonie in Balance zu halten. Ins Spannungsfeld dieser Dualität gestellt, müssen die Balinesen den entgegengesetzten Kräften gleichermaßen Beachtung schenken, müssen sie Göttern und Dämonen gleicherweise huldigen. Kein Balinese beginnt den Tag ohne ein Opfer. Aus Palmblättern geflochtene Körbchen mit zu kleinen Pyramiden geschichteten Reiskörnern, Blättern und Früchten werden vor die Haustür, in den Familientempel oder an besonders gefährdete Stellen wie Straßenkreuzungen und Brücken gestellt, um die Götter zu erfreuen und die Dämonen milde zu stimmen. Selbst in Touristenzentren liegen die Opfergaben zuhauf vor Boutiquen und Galerien, neben den

Selamat datang

Computern der Hotel- und Reisebüros, auf den Ablagen in Autos und Bussen.

Und erklingen Gongs, Xylophone, Trommeln, Zimbeln, Schellen, Bambusflöten, leierähnliche Saiteninstrumente, folgt man den magischen Rhythmen eines Gamelan-Orchesters, so kann man auf Bali sicher sein, schon bald auf eine religiöse Prozession, eine Tempelzeremonie oder Tanzvorstellung zu stoßen. Der Besucher, der dann den Pura Desa, den Dorftempel, durch ein reich ornamentiertes Eingangstor betritt, das in schwarzweiß karierte Tücher gehüllte Wächterfiguren flankieren, den empfängt eine verwirrende Vielfalt von Eindrücken. Während hier einige Männer ihre Kampfhähne massieren, sind dort andere gerade dabei, die Ritualmahle zuzubereiten. Tempelfeste sind fröhliche Feste. Überall wird gescherzt und gelacht – und kräftig dem Palmwein zugesprochen. Frauen, in ihren kostbaren, eng anliegenden Brokatgewändern so schön wie in einem Reiseprospekt, balancieren mit akrobatischem Geschick kunstvoll arrangierte, oft über einen Meter hohe Opfertürme aus gefärbten Reiskuchen, exotischen Früchten, Blüten und gebratenen Enten oder Hühnern auf ihren Köpfen zum Tempel. Im heiligen Tempelbezirk nehmen weiß gekleidete Priester, hinter deren Ohren Hibiskus- oder Frangipaniblüten stecken, die Gaben in Empfang. Ein hoher Tempelpriester segnet die Gemeinde mit heiligem Wasser. Nach der Zeremonie dürfen die Opfergaben wieder mit nach Hause genommen und im Kreis der Familie verzehrt werden – die Götter haben sich an der geistigen Essenz gelabt.

So folgen die Menschen auf Bali auch weiterhin ihrer religiösen Überlieferung. Und die Götter können gelassen von ihrem Thron auf dem Gunung Agung, dem heiligen Berg Balis, herabschauen, wohl wissend, dass die Balinesen mit dem Widerspruch zwischen Mythos und Moderne gut fertig werden. Schon in der Vergangenheit haben sie kultureller Überfremdung widerstanden, indem sie sich fremden Einflüssen nicht verschlossen, sondern sie vielmehr in ihre eigenen lebendigen Traditionen einschmolzen. Mag sein, dass sich Bali derzeit auf einer riskanten Gratwanderung zwischen Kultur und Kommerz, Göttern und Geld befindet. Doch ganz offensichtlich sind die Balinesen noch lange nicht von allen guten Geistern verlassen.

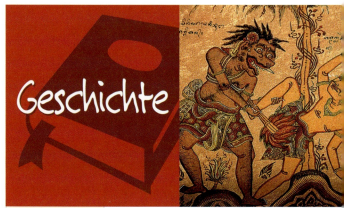

Farbenprächtig: balinesische Kunst

ca. 500 000 v. Chr.	Der ›Java-Mensch‹ lebt in Indonesien.
Ca. 2500–1500 v. Chr.	Träger einer jungsteinzeitlichen Kultur dringen aus Südchina in die indonesische Inselwelt vor.
Ab ca. 300 v. Chr.	Bali ist in der Bronzezeit besiedelt, dies belegt die riesige Bronzetrommel, der ›Mond von Pejeng‹.
5.–9. Jh.	Auf Sumatra und Java entstehen indisch beeinflusste Königreiche, das bekannteste ist Sri Vijaya. Hinduismus und Buddhismus breiten sich aus.
10. Jh.	Der balinesische Fürst Udayana heiratet die javanische Prinzessin Mahendradatta; eine Hinduisierung Balis setzt ein.
Ende 13. Jh./ 14. Jh.	Aufstieg des hinduistischen Majapahit-Imperiums; Bali wird 1343 Provinz des Großreichs.
Anfang 16. Jh.	Unter dem Ansturm des Islam zerfällt das Majapahit-Reich; die Hindu-Elite flüchtet nach Bali. Der Sohn des letzten Majapahit-Herrschers lässt sich in Gelgel nieder und ruft sich zum König von Bali aus.
Mitte 17. Jh.	Das balinesische Reich zerfällt in Fürstentümer.
1846	Die Niederländer erobern Nord-Bali; bis Anfang des 20. Jh. unterwerfen sie weitere Regionen der Insel.
1906	Der holländische Gouverneur entsendet eine ›Strafexpedition‹ an Balis Südküste; Puputan (rituelle

Geschichte

	Selbstvernichtungsschlacht) des Raja von Badung und ca. 2000 seiner Gefolgsleute. 1914 kontrolliert die Kolonialmacht ganz Bali.
1920–1940	Künstler wie Walter Spies, Rudolf Bonnet und Vicki Baum lassen sich auf Bali nieder.
17. Aug. 1945	Sukarno verkündet die Unabhängigkeit der Republik Indonesien.
1945–1949	Indonesischer Unabhängigkeitskampf gegen die Niederländer, die versuchen, ihre Herrschaft wieder herzustellen.
17. Aug. 1950	Anerkennung der indonesischen Unabhängigkeit, Konstitution der Republik Indonesien, Sukarno wird zum Präsidenten gewählt.
21. Feb. 1957	Sukarno verhängt den Ausnahmezustand und verkündet sein Konzept der ›Gelenkten Demokratie‹.
1963–1965	Ökonomische Probleme und antiwestliche Politik; zunehmende Polarisierung zwischen den Streitkräften, muslimischen Gruppierungen und der Kommunistischen Partei.
30. Sept. 1965	Kommunisten und sympathisierende Offiziere unternehmen einen Putschversuch, der von General Suharto niedergeschlagen wird. 500 000–1 Mio. (mutmaßliche) Kommunisten werden ermordet, allein auf Bali 100 000 Menschen.
1968	Wahl Suhartos zum Staatspräsidenten (auch 1973, 1978, 1983, 1988, 1993, 1998). Öffnung zum Westen, wirtschaftlicher Aufschwung, politisch ist Indonesien weit entfernt von einer Demokratie.
Mai 1998	Unruhen fordern allein in Jakarta über 1000 Todesopfer und zwingen Präsident Suharto zum Rücktritt.
2000	Indonesien geht mit einer demokratisch gewählten Regierung ins neue Jahrtausend: Der gemäßigte Muslimführer Abdurrahman Wahid ist Präsident, Vizepräsidentin ist Megawati Sukarnoputri.
2001	In einem Machtkampf setzt die Volksversammlung Präsident Abdurrahman Wahid einstimmig ab und wählt dessen Stellvertreterin Megawati Sukarnoputri zum neuen Staatsoberhaupt.

Balinesisch essen: Möchten Sie original balinesisch essen? Suchen Sie die kleinen Warungs am Straßenrand, fragen Sie nach Babi Guling, nach Bebek Betutu oder Nasi Campur. Und dann wundern Sie sich nicht. Statt eines Tellers dient oft ein gefaltetes Bananenblatt als Unterlage für die Speisen. Eine Gabel? Die gibt es nicht unbedingt. Eher schon einen Löffel. Traditionell isst man in Indonesien mit den Fingern der rechten! Hand (die linke gilt als unrein). Oder man benutzt Löffel und Gabel, wobei der Löffel rechts gehalten und wie unsere Gabel verwendet wird. Wenn man so will, hat die Gabel also Messerfunktion. Zu Gast in einer Familie oder bei einem größeren Essen gelten zunächst einmal dieselben Regeln wie bei uns. Zu wissen gilt: Alles Essen kommt zugleich auf den Tisch, man nimmt von allem etwas. Als höflich gilt es, sich mehrfach nachzunehmen! Und am Schluss bleibt ein kleiner Rest auf dem Teller zurück, damit der Gastgeber gewiss sein kann, genug aufgetischt zu haben.

Erwerb von Kunsthandwerk: Beste Ware, größte Auswahl und meist auch günstigste Preise hat man in der Regel direkt beim Produzenten. Da in den meisten Galerien und Souvenirgeschäften bis zu einem Viertel des Verkaufspreises als Kommission an die einheimischen Fremdenführer geht, sollte man beim Shopping auf einen solchen Begleiter verzichten. Billiger wird es meist auch, wenn man bar bezahlt, statt eine Kreditkarte zu benutzen. Feilschen gehört immer zum guten Ton, auch wenn Festpreise angegeben sind. Ein günstiger Zeitpunkt dafür ist der frühe Morgen, denn vielen Händlern gilt der Abschluss (irgend-) eines Geschäftes unmittelbar nach Ladenöffnung als gutes Omen für einen erfolgreichen Tagesverlauf.

›Gummizeit‹

Maßstäbe deutscher Pünktlichkeit gelten auf Bali als ausgesprochen unhöflich – zumindest bei privaten Einladungen. Waktu Karet, ›Gummizeit‹, meint eine kleine – höfliche – Verspätung von 15 bis 30 Minuten.

Fauxpas auf Bali: Balinesen sind nicht so viel anders als wir, was den Spruch »Kleider machen Leute« anbelangt! Schmutzige, gar zerrissene Kleidung, ein zu legeres Urlaubsoutfit abseits von Pool und Strand wird nicht gern gesehen.

Und tippen Sie keinen Balinesen an, wenn Sie etwas wissen möchten. Für Balinesen ist die Berührung durch einen Fremden eine

Gut zu wissen

Respektlosigkeit. Vor allem der Kopf als Sitz von Geist und Seele ist (auch bei Kindern!) unantastbar, ein Jüngerer oder Rangniedrigerer sollte ihn nach Möglichkeit nicht überragen.

Genauso wenig sollte man mit ausgestrecktem Finger auf jemanden zeigen – das gehört sich ja auch in Europa nicht. Wer den Kellner rufen möchte, sucht den Blickkontakt und winkt ihm mit ausgestrecktem Arm, die Handfläche nach unten gerichtet.

Falls Sie traditionell auf der Erde sitzen müssen: Ihre Fußsohlen sollten nicht auf einen anderen weisen! Dies gilt als beleidigend.

Und ein letzter Tipp: Der Austausch von Zärtlichkeiten zwischen Mann und Frau in der Öffentlichkeit gilt als unschicklich.

Ja oder Nein: Wundern Sie sich nicht, wenn Sie einmal keine klare Antwort auf eine Frage bekommen. Ehe ein Balinese schroff ›Nein‹ (*tidak*) sagt, wird er eher ›Vielleicht‹ (*mungkin*) oder ›Noch nicht‹ (*belum*) sagen. Manchmal sogar ›Ja‹. Dem Europäer mag es scheinen, als ›rede man um den heißen Brei herum‹, aber so einfach ist das nicht. Harmoniestreben, das Vermeiden von Konflikten gilt als eines der höchsten Güter der balinesischen Sozialkultur, und der Insider vermag durchaus zu unterscheiden, ob ein ›Ja‹ ein ›Ja‹ ist oder nicht.

Tempelbesuch: Besucher Balis sind in den meisten Tempeln jederzeit willkommen, auch wenn gerade ein Fest gefeiert wird. Allerdings wird sittsame Kleidung erwartet – Shorts und T-Shirts oder gar Badehose und Bikini sind tabu. Lange Hosen bzw. das Knie bedeckende Röcke, Hemden oder Blusen mit zumindest kurzen Ärmeln und unbedingt ein *Selendang*, ein Tempelschal, sind erforderlich. Bei Tempelfesten müssen Frauen und Männer stets einen Sarong tragen. Gelegentlich wird von Männern erwartet, dass sie ein *Destar*, ein dreieckiges Tuch, um den Kopf binden. Weiterhin tun Außenstehende gut daran, sich bei religiösen Zeremonien im Hintergrund zu halten. Unter keinen Umständen darf man auf Mauern klettern (etwa um ein gutes Foto zu schießen), denn die Füße gelten als rituell unrein, sind sie doch ständig mit dem Boden, der Sphäre der Dämonen, in Berührung. Man sollte darauf achten, die Priester nicht mit dem Kopf zu überragen. Blut auf dem Tempelboden bedeutet eine rituelle Verunreinigung, die eine aufwendige Reinigungszeremonie erfordert. Daher dürfen Menschen, die aus einer Wunde bluten, sowie Frauen während ihrer Menstruation einen Tempel nicht betreten. Besondere Sensibilität ist beim Fotografieren angebracht. Die Verwendung von Blitzgeräten, etwa bei nächtlichen Festen, ist streng verboten!

Lächeln

Hat man doch einmal einen Fauxpas begangen, gibt es nur eins – lächeln. Das Lächeln ist auf Bali ein Joker in allen Lebenslagen, der selbst die schwierigsten Situationen zu meistern hilft. Auch für Besucher gilt die Devise: Lächeln!

Feste & Unterhaltung

Trommeln, Zimbeln, heiterer Lärm, Türme von Opfergaben, Farbenpracht... Religiöse Feste sind auf Bali nichts Ernstes, Getragenes. Sie sollen vor allem die Götter erfreuen – und zugleich die Dämonen beschwichtigen.

Nyepi

Wenn zur Tagundnachtgleiche im März das balinesische Jahr zu Ende geht, feiert man das 3-tägige Neujahrsfest. In der letzten Nacht des alten Jahres opfert man den bösen Geistern, um sie dann mit Reinigungszeremonien und viel Lärm zu vertreiben. Gongs, Trommeln, Knallfrösche, je lauter desto besser. Am zweiten Nyepi-Tag herrscht dagegen absolute Ruhe. Niemand – auch kein Tourist – darf das Haus bzw. Hotelterrain verlassen. Sollten sich Dämonen zurückverirren, sollen sie glauben, die Insel wäre ausgestorben, und unverrichteter Dinge wieder abziehen.

Odalan

Eigentlich hat jeder, der Bali besucht, die Chance, ein Tempelfest mitzuerleben. Immerhin gibt es auf der Insel der Götter viele tausend Tempel, und jeder feiert einmal im Jahr ›Geburtstag‹, den Tag seiner Weihe. Dann werden die Tempelgötter und die Ahnen empfangen, Tempel und Dorf rituell gereinigt, böse Geister und Dämonen besänftigt oder gar vertrieben. Lange Prozessionen ziehen zum Tempel, die Frauen balancieren prächtige Opfergaben auf ihren Köpfen, Tänze und Gamelan-Musik unterhalten Götter wie Gläubige. Im äußeren Tempelbezirk veranstalten die Männer Hahnenkämpfe. Hahnenkämpfe waren immer schon beliebt, ein siegreicher Hahn bedeutete Wohlstand und Prestige. Doch heute sind sie eigentlich verboten. Ausnahme: bei Odalans. Das Blutopfer soll übel wollende Dämonen davon abhalten, eine Zeremonie zu stören. Doch den Balinesen bietet diese Ausnahme die Chance, ihrer Wettleidenschaft zu frönen. Schon so mancher soll dabei Haus und Hof verloren haben.

Rituelle Tänze

Wer nach Bali fährt, muss in die geheimnisvolle Welt des Schattenspiels, Wayang Kulit, der rituellen Tänze und der Gamelan-Musik eintauchen. Ihre Themen gehen meist auf Motive aus der hinduistischen Mythologie, auf die großen Epen Indiens, Ramayana und Mahabharata, zurück. Für Touristen werden gekürzte Versionen in Szene gesetzt, die aber dennoch – vor allem in Ubud – hohes künstlerisches Niveau besitzen können.

Als graziösester unter den klassischen Tänzen Balis gilt der **Legong**. Jede Fingerhaltung, jeder Lidschlag ist hier vorgeschrieben

Feste & Unterhaltung

Tempelfest oder Unterhaltung: Gamelan-Musik gehört dazu

und von Bedeutung. Meist wird die Geschichte Raja Lasems erzählt. Vorgeführt wird der Legong von einem Zwillingspärchen und dessen ›Zofe‹.

Der Kriegstanz **Baris**, der pantomimische Maskentanz **Jauk** sowie der spektakuläre ›Affentanz‹ **Kecak**, ursprünglich ein exorzistisches Ritual zur Austreibung böser Geister, werden oft gezeigt.

Kombattanten im hochdramatischen Tanzspiel **Barong**, sind der Barong, ein löwenähnliches Wesen, welches das positive Prinzip verkörpert, und dessen Gegenspielerin Rangda, als schreckliche Hexe die Inkarnation des Bösen. Der Kampf endet schließlich Remis, denn Gut und Böse gehören auf Bali zusammen wie Tag und Nacht.

Totenverbrennung

Sieht man eine große Prozession, in deren Mitte eine gewaltige Sänfte – eine Pagode, ein scheinähnliches Gebilde – hin und her schwankt, dann hat man einen Trauerzug vor sich. In der Sänfte wird der Verstorbene zum Verbrennungsplatz geleitet, wo er in einen Sarg von Tiergestalt umgebettet wird. Haben die weiß gekleideten Priester alle Riten vollzogen, entfacht man unter Gamelan-Klängen das Feuer.

Riten markieren die Abschnitte im Leben jedes Balinesen. Die heiligste all dieser Zeremonien ist die Totenverbrennung, Voraussetzung für die Wiedergeburt. Tränen sind verpönt – sie würden der Seele ihren Abschied erschweren.

Termine

Feste auf Bali werden nach dem 210 Tage umfassenden Pawukon-Kalender festgelegt, daher variieren ihre Termine innerhalb unseres Kalenders. Über die genauen Daten informiert der jährlich neu erscheinende »Calendar of Events«, erhältlich beim indonesischen Fremdenverkehrsamt in Frankfurt oder bei den Touristenbüros vor Ort.

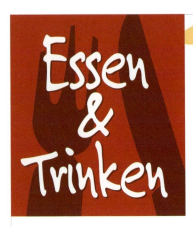

Speisen

Reis, der gekocht **Nasi** heißt, gehört zu jedem Mahl. Frisches Gemüse, gewürzte Kokosraspeln, Fleisch sowie Fisch und Meeresfrüchte bilden die Beilagen. Chili und Ingwer, Muskat, Gewürznelken und Gelbwurz, Laoswurzeln und Koriander verleihen den Speisen den typischen Geschmack. Angenehm sämig werden viele Gerichte durch Kokosmilch. Verlockend ist auch das Angebot an Süßem aus Reis, Soja und Sago sowie an tropischen Früchten.

Über dem Pasar Malam, dem Nachtmarkt, liegen dichte Schwaden beißenden Rauchs von zahlreichen Holzkohlegrills. Es duftet nach gebratenen Hühnchen und Saté, Holzspießchen mit gegrillten Fleischstückchen. An einem anderen Essensstand brutzeln Reis- und Nudelgerichte in einem Wok. Und um die Ecke werden Ananas, Papaya, Mango und andere Früchte zu Säften gepresst. Ein Rundgang auf einem Nachtmarkt verspricht die Chance unverfälschte einheimische Küche kennen zu lernen. Hygienische Bedenken sind im Allgemeinen überflüssig.

Wo und wie?

Am preiswertesten isst man in einem der vielen **Warung**. Dies sind entweder mobile Garküchen oder fest installierte Essensstände. Eine etwas größere Auswahl an Gerichten bietet ein **Rumah Makan**, ein einfaches Lokal. Deutlich besser ausgestattet, etwa mit einer Klimaanlage, sind die **Restoran**, auf deren Speisekarten sich neben indonesisch-balinesischen oft auch europäische Gerichte finden.

Gegessen wird meist mit Löffel und Gabel. Der Löffel wird wie unsere Gabel benutzt, jedoch in der rechten Hand gehalten. In einfachen Lokalen sowie auf dem Land ersetzen häufig die Finger – der rechten Hand – das Besteck (s. auch S. 12).

Restaurantkategorien
Günstig: bis 5 €/50 000 Rp.
Moderat: 5–10 €/50 000–100 000 Rp.
Teuer: 10–20 €/100 000–200 000 Rp.
Luxus: über 20 €/200 000 Rp.
(für ein 3-Gänge-Menü ohne Getränke)

Getränke

Während die Balinesen zum Essen meist (Mineral-) Wasser oder gesüßten Tee trinken, sind bei Touristen die Biere aus einheimischer Produktion sehr beliebt. Ähnlich dem Federweißen schmeckt **Tuak**, der vergorene Saft der Palmblüte. **Brem** heißt der sehr populäre Reiswein. **Arak**, hochprozentiges Destillat aus Brem oder Tuak, eignet sich hervorragend als Ingredienz zahlreicher Cocktails und Longdrinks oder – pur – als Digestif.

Essen & Trinken

Auf einem balinesischen Markt: exotische Fülle und Farbenpracht

Kulinarischer Sprachführer

Babi Guling Über offenem Feuer gegrilltes Spanferkel
Bebek Betutu In Bananenblättern über schwelenden Reisschalen gegarte Ente
Bebek Panggang Geröstete Ente
Cap Cay Klein geschnittenes, kurz angebratenes Gemüse mit Fleisch
Gado Gado Blanchiertes, kaltes oder lauwarmes Gemüse, mit Erdnusssauce serviert
Kangkung Wasserspinat/-kresse
Ketan Klebreis
Krupuk In Öl gebackene Chips aus Tapiokamehl und gemahlenen Krabben oder Fisch, Standardbeilage zu vielen Gerichten
Lawar ›Balinesische Blutwurst‹: Mischung aus rohem, fein gehacktem Fleisch mit zerkleinertem Gemüse, Gewürzen und Blut
Lontong In Bananenblätter gewickelter Klebreiskuchen
Mie Kuah Nudeln mit Brühe
Nasi Goreng/Mie Goreng Gebratener Reis/gebratene Nudeln mit Eiern, Gemüse und Zwiebeln, eventuell auch mit klein geschnittenem Fleisch oder Krabben

Nasi Campur Reis mit verschiedenen Beilagen
Opor Ayam In frischer Kokosmilch gekochtes Huhn
Pisang Goreng Panierte und frittierte Bananen
Rujak Manis Scharfer, würziger Fruchtsalat u. a. aus Ananas, grünen Mangos, Papaya, Gurken und Jambu (ähnlich Kohlrabi), dazu eine pikante Sauce aus braunem Palmzucker und Chili
Sambal Variantenreiche, scharfe Paste auf der Basis von zerriebenen roten Chili- oder Peperonischoten, Knoblauch, Zitrone u. a.
Saté (Satay) Babi Zuvor in einer Marinade aus Tamarinde, Knoblauch, Chili und Zucker eingelegte, dann auf Bambusstäbchen gespießte und über Holzkohlefeuer gegrillte Stückchen Schweinefleisch; dazu würzig süße Erdnusssauce
Soto Mit Kurkuma, Zitronengras und -blättern gewürzte gelbliche Suppe, ein Zusatz charakterisiert sie näher, etwa Soto Ayam (Hühnersuppe)
Tahu/Tempe Sojabohnen›käse‹ bzw. fermentierte Sojabohnen

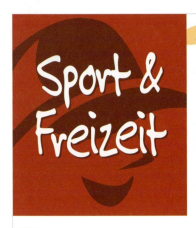

Sport & Freizeit

Baden

Was die Strände betrifft, ist Bali kein Südseeparadies wie aus dem Bilderbuch. Während vor Sanur (s. S. 67) und Nusa Dua (s. S. 62) bei Ebbe ausgedehnte Wattflächen die Badefreuden verleiden, türmt sich bei Kuta, Legian und Seminyak die schwere Brandung oft meterhoch (s. S. 49). Mit ihrem gewaltigen Sog haben hier schon wiederholt gefährliche Unterströmungen Schwimmer nicht mehr auftauchen lassen. Vor allem als ungeübter Schwimmer sollte man an Stränden der Südküste nie allzu tief ins Wasser gehen, auch nicht an bewachten und beflaggten Strandabschnitten. Ein kilometerlanger, flach abfallender, grauer Sandstrand, an dem auch Kinder gefahrlos baden können, ist der Lovina Beach (s. S. 56) etwa 5–10 km westlich von Singaraja an der Nordküste. Von minderer Qualität erweist sich der Strand bei Candi Dasa auf Ost-Bali (s. S. 37). Wunderschöne Strände hingegen gibt es auf Lombok (Bucht von Senggigi und Kuta Beach) sowie auf den Lombok vorgelagerten Inseln Gili Air, Gili Meno und Gili Terawangan.

Bergsteigen & Wandern

Bergsteiger locken zwei aktive Vulkane: der Gunung Batur und der Gunung Agung, beide in Tageswanderungen zu besteigen. Der Aufstieg auf den 1717 m hohen Batur (s. S. 33), den selbst Untrainierte in 2–3 Std. bewältigen, beginnt in Toya Bungkah. Auch der Agung, mit 3142 m der höchste Gipfel Balis, bietet keine alpintechnischen Schwierigkeiten, der 12- bis 14-stündige Auf- und Abstieg erfordert allerdings gute Kondition (Extra-Tour 5, s. S. 92).

Wanderer finden in der Reisfeldlandschaft um Ubud ein ideales Terrain (Extra-Tour 3, s. S. 88). Nur mit geländekundigen Führern sollte man Dschungelwanderungen im Taman Nasional Bali Barat (s. S. 61, Negara) wagen (**Sobek – The Adventure Specialists**, Jl. Bypass I Gusti Ngurah Rai 9, Sanur, Tel. 03 61/28 70 59, Fax 28 94 48).

Golf

Bali besitzt vier Parcours: einen Neun-Loch-Golfplatz in Sanur (s. S. 67), jeweils einen 18-Loch-Platz in Nusa Dua (s. S. 63) und bei Tanah Lot, und einen weiteren 18-Loch-Platz in der Berglandschaft zwischen Bratan- und Buyan-See. Letzterer, der Bali Handara Golf Course (s. S. 36), gilt als einer der schönsten Plätze der Welt.

Kochkurse

Bei anspruchsvollen Kochkursen lernen die TeilnehmerInnen nicht nur den Gebrauch exotischer Kräuter und Gewürze, sie erfahren auch viel über den Stellenwert

Sport & Freizeit

des Essens in der balinesischen Gesellschaft sowie die Bedeutung von Ritualmahlen bei religiösen Zeremonien. Kochkurse bieten: **Casa Luna Cooking School,** Jl. Bisma, Ubud, Tel./Fax 03 61/ 97 32 82, und **Sua Bali**, Desa Kemenuh, Gianyar, Tel. 03 61/ 94 10 50, Fax 94 10 35.

River Rafting

Eine andere Seite Balis zeigt sich bei Wildwasserfahrten mit dem Schlauchboot. Ca. 2,5 Std. dauert das Vergnügen auf dem Ayung-Fluss bei Ubud (Stromschnellen Klasse Zwei, Drei) oder auf dem Telaga Waja und Unda-Fluss am Gunung Agung. Folgende Agenturen seien empfohlen: **Ayung River Rafting,** Jl. Diponegoro 150 B-29, Denpasar, Tel. 03 61/23 87 59, Fax 22 42 36, **Sobek – White Water Rafting,** Jl. Bypass I Gusti Ngurah Rai 9, Sanur, Tel. 03 61/28 70 59, Fax 28 94 48, **Unda River Rafting**, Jl. Trijata 11 A, Denpasar, Tel. 03 61/22 74 44, Fax 24 59 63.

Surfen

Zum Baden bietet Bali zwar keine Traumstrände, doch die Surfstrände der Insel ziehen Wellenreiter aus aller Welt an. Anfänger tummeln sich in der Brandung des Kuta Beach (s. S. 51; preiswerter Verleih von Surfboards). Erfahrene Surfer zieht es zum vorgelagerten Kuta Reef sowie zu den Brandungsstränden bei Ulu Watu (s. S. 51) an der Südspitze der Bukit Badung-Halbinsel, etwa zum Suluban Beach. Als Dorado für Wellenreiter gilt auch Jungutbatu auf der vorgelagerten kleinen Nusa Lembongan (s. S. 63, 67).

Tauchen

Die Korallenbänke der balinesischen Außenriffe bilden eine vielfältige Unterwasserwelt. Faszinierend ist das Revier um die Insel Menjangan (s. S. 56, 61); bei Nusa Lembongan (s. S. 63, 67) können Wagemutige Unterwassergrotten erkunden. Vor Tulamben auf Ost-Bali locken nicht nur spektakuläre Korallenbänke, sondern auch das Wrack eines im Zweiten Weltkrieg versenkten Schiffes. Auch im Gebiet von Lovina Beach, Sanur, Nusa Dua und Padang Bai bieten sich gute Möglichkeiten.

Bali mit Kindern

Die Balinesen sind ausgesprochen kinderlieb, viele Hotels und Restaurants daher auf die Bedürfnisse von Familien eingestellt. Neben Märkten und Stränden, wo Kinder leicht einheimische Spielkameraden finden, zählen vor allem Besuche von Vergnügungs-, Freizeit- und Tierparks zu den großen Attraktionen. Besonders beliebt sind der Waterborn Park in Kuta, mit Rutschen und Planschpools der ultimative Badespaß, sowie der Vogelpark in Batubulan und die Schmetterlingsfarm bei Tabanan. Ein ›Muss‹ ist der Besuch von einem der Affenwälder, aber Vorsicht – manche Tiere kratzen und beißen! Bei Tempelfesten sind Kinder ebenfalls willkommen. Der auch für den Nachwuchs geltenden Etikette entsprechend in Sarong und Selendang gekleidet, wird für die Kleinen hier ein Märchen aus 1001 Nacht zur Wirklichkeit. Viel Spaß haben Kinder auch bei beim Barong-Tanzspiel in Batubulan (s. S. 33) oder beim Wayang Kulit, dem balinesischen ›Kasperltheater‹.

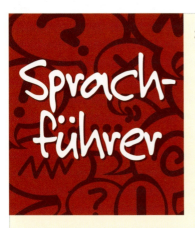
Sprachführer

Neben dem – sehr kompliziert strukturierten – Balinesischen wird auf Bali als offizielle Amtssprache das indonesische Nationalidiom Bahasa Indonesia gesprochen, das auch für Ausländer vergleichsweise leicht zu erlernen ist. Die Grammatik ist denkbar einfach, es gibt weder eine Deklination noch eine Verbflexion oder Tempora. Selbst Artikel kennt man nicht. Zudem wird das lateinische Alphabet benutzt, und die Aussprache entspricht mit wenigen Ausnahmen der deutschen. Wichtig ist allein das Lernen von Vokabeln. Und obwohl man als Englisch sprechender Besucher auf der Ferieninsel Bali kaum Verständigungsprobleme hat: ein paar Brocken Indonesisch verhelfen zwar noch nicht zum tiefen Einblick in die Kultur, erleichtern indes schon das Fortkommen im Landesinneren und sind eine von den Gastgebern positiv empfundene Sympathiebekundung für ihr Land und ihre Kultur.

Sehr zu empfehlen: **Indonesisch – Wort für Wort** von Gunda Urban, Kauderwelsch-Sprachführer, Peter-Rump-Verlag, Bielefeld.

Zahlen

1	satu	18	delapanbelas
2	dua	19	sembilanbelas
3	tiga	20	dua puluh
4	empat	21	dua puluh satu
5	lima	30	tiga puluh
6	enam	100	seratus
7	tujuh	200	dua ratus
8	delapan	1000	seribu
9	sembilan	2000	dua ribu
10	sepuluh	10 000	sepuluh ribu
11	sebelas	100 000	seratus ribu
12	duabelas	1 000 000	sejuta
13	tigabelas		
14	empatbelas		
15	limabelas		
16	enambelas		
17	tujuhbelas		

Begrüßungs- und Höflichkeitsformeln

Herzlich willkommen	selamat datang
Guten Morgen	selamat pagi
Guten Tag (mittags)	selamat siang
Guten Tag (nachmittags)	selamat sore
Guten Abend	selamat malam
Gute Nacht	selamat tidur
Träume süß	mimpi manis
Auf Wiedersehen (zum Bleibenden)	selamat tinggal
Auf Wiedersehen (zum Gehenden)	selamat jalan
Auf Wiedersehen (allgemein)	sampai bertemu lagi
Danke (sehr)	(banyak) terima kasih
Ich bitte um Entschuldigung	saya mohon maaf
Verzeihung, gestatten Sie?	permisi
Wie geht es Ihnen/Dir?	apa khabar
Danke, gut	khabar baik/ baik baik, saja
Bitte sehr, keine Ursache	tidak apa-apa

Sprachführer

Die wichtigsten Sätze

Ja	ya
Nein	tidak (mit Adjektiv oder Verb)
	bukan (mit Substantiv)
Was ist dies/das?	apa ini/itu?
Sprechen Sie Englisch/Deutsch?	apakah anda berbicara Bahasa Inggris/Jerman
Ich verstehe (nicht)	saya (tidak) mengerti
Ich weiß (nicht)	saya (tidak) tahu
Wie heißen Sie?	siapa nama(nya) anda?
Mein Name ist...	nama saya...
Woher kommen Sie?	dari mana anda?
Wohin gehen Sie?	mau ke mana?
Darf man hier fotografieren/rauchen?	bolekah memotret/merokok di sini?
Bitte helfen Sie mir!	tolonglah saya!
Kann man hier gefahrlos schwimmen?	aman berenang di sini?
Achtung! Vorsicht!	awas! hati-hati!

Reise und Verkehr

Wo/wohin/woher?	di mana/ke mana/dari mana?
Links/rechts/geradeaus	kiri/kanan/terus
Nah/fern	dekat/jauh
Bus/Nachtbus/Busbahnhof	bis/bis malam/setasiun bis
Auto/Motorrad/Fahrrad	mobil/sepeda motor/sepeda
Wie komme ich nach...?	bagaimana saya sampai ke ...?
Wie viele Kilometer (Stunden) sind es bis...?	berapa kilometer (jam)sampai ke...
Wo ist der Busbahnhof?	di mana ada setasiun bis?
Welcher Bus fährt nach...?	bis yang mana pergi ke ...?
Wann fährt der Bus ab?	jam berapa bis berangkat?
Halten Sie hier!	Berhenti di sini!
Wo ist eine Toilette?	di mana ada kamar kecil?
Wann ist ... geöffnet?	kapan...dibuka?

Unterkunft

Haben Sie noch freie Zimmer?	masih ada kamar kosong di sini?
Kann ich das Zimmer sehen?	bolekah saya melihat kamar dulu?
Wie teuer ist das Zimmer?	berapa harga untuk kamar ini?
Bitte waschen Sie diese Kleider!	tolong mencuci pakaian ini!
Ich reise morgen früh ab	saya akan berangkat besok pagi

Einkaufen

Wie viel kostet dies?	berapa harga(nya) ini?
Das ist zu teuer	itu terlalu mahal
Ich nehme es	saya akan ambil ini
Ich möchte nur gucken	saya mau lihat saja
Ich komme später wieder	saya akan kembali lagi

Reise-Service

Auskunft

Indonesisches Fremdenverkehrsamt

... für Europa
Wiesenhüttenstraße 17
60329 Frankfurt/Main
Tel. 069/23 36 77, Fax 23 08 40
Wegen der angespannten politischen Situation in Indonesien ist das Indonesische Fremdenverkehrsamt bis auf weiteres geschlossen. Fragen zur Reiseplanung beantwortet Garuda Indonesia (Düsseldorfer Straße 14, 60329 Frankfurt/Main, Tel. 069/238 06 39, Fax 069/238 06 91).

Infos im Internet

www.visit-indonesia.com
www.tourismindonesia.com
www.bali.com
www.balitravel.com
Weitere Infos über die ›Reiselinks‹ bei www.dumontverlag.de

Reisezeit

Aufgrund der Nähe zum Äquator besitzt Bali ein tropisch feuchtes Klima mit nur geringen Temperaturschwankungen im Jahresverlauf. Es gibt zwei Jahreszeiten, die sich hauptsächlich hinsichtlich der Niederschlagsmenge unterscheiden: die Trockenzeit zwischen Mai und September und die Regenzeit zwischen Oktober und März. Wer also versucht, dem Kalender ein Schnippchen zu schlagen und im Winter nach Bali reist, kommt aus dem europäischen Regen in die balinesische Traufe. Doch auch während der Monsunzeit sind völlig verregnete und trübe Tage ausgesprochen selten. Oft fällt der meiste Regen nachts oder am frühen Morgen, und auch tagsüber bricht nach kurzen heftigen Schauern immer wieder die Sonne durch. Unangenehm ist während der Regenzeit jedoch die extrem hohe Luftfeuchtigkeit. Die jährliche Durchschnittstemperatur liegt bei 27 °C, im gebirgigen Inselinneren ist es allerdings ständig recht frisch.

Bestes Reisewetter, zugleich aber auch Hauptsaison, herrscht auf Bali zwischen Juni und August. Über zwei Drittel aller Bali-Besucher kommen in diesen Monaten. Zumindest in den Touristenzentren an der Südküste wird es zudem im Dezember und Januar, wenn Australier in Scharen anreisen, sehr voll und laut. Wer Bali in Ruhe und mit Muße erleben will, sollte dies bei der Reiseplanung berücksichtigen.

Einreise

Touristen aus Deutschland, Österreich und der Schweiz benötigen für einen Aufenthalt von maximal 60 Tagen kein Visum, aber einen Reisepass, der noch mindestens sechs Monate gültig ist. Außerdem muss man manchmal ein Rück- oder grenzüberschreitendes Weiterreise-Ticket vorweisen. Impfungen sind derzeit für Reisende aus infektionsfreien Gebieten nicht vorgeschrieben. Bei der Ausreise wird eine Flughafensteuer von Rp. 50 000 fällig.

Anreise

Rund sechs Wochen dauerte in den 20er-Jahren die Reise mit dem Dampfschiff von Europa nach Bali

Reise-Service

Heute erreichen europäische Touristen die ›Insel der Götter und Dämonen‹ in etwa 14–16 Std. Balis internationaler Flughafen Ngurah Rai, im Süden der Insel nahe der Hauptstadt Denpasar gelegen (Auskunft: Tel. 03 61/75 10 11), wird von vielen Fluggesellschaften regelmäßig angeflogen. Schnelle und bequeme Verbindungen unterhalten ab Frankfurt, Wien und Zürich Garuda Indonesia, Lauda Air, Royal Brunei Airlines, Singapore Airlines, Malaysia Airlines und Thai Airways International. Attraktive Stopover-Programme (etwa in Bangkok, Hongkong, Kuala Lumpur oder Singapur), bei denen mit dem Ticketkauf günstige Übernachtungen, Stadtrundfahrten oder Kurzbadeurlaube gebucht werden können, offerieren Thai Airways International, Cathay Pacific, Malaysia Airlines und Singapore Airlines. Von Java und anderen Inseln des indonesischen Archipels fliegen die indonesischen Inlandslinien Garuda, Merpati und Bouraq nach Bali.

Offiziell sind Flugscheine je nach Reisesaison für 1000 bis 1500 € zu haben, auf dem ›Graumarkt‹ bereits ab 550 bis 600 €. Wer komfortabler reisen will, kann bei Garuda Indonesia die ›Premium Economy Class‹ buchen: Dort sind die Sitze bequem wie in der ›Business Class‹, der Service entspricht allerdings der ›Economy Class‹. Prinzipiell sollte man beim Preisvergleich darauf achten, ob die Bahnfahrt zum Flughafen eingeschlossen ist. Beachten sollte man auch, dass Garuda Indonesia, die nationale Fluglinie Indonesiens, ihren internationalen Gästen auf Anschlussflüge im Inland verschiedene Rabattmöglichkeiten gewährt. Pauschalreisen nach Bali werden von allen renommierten Reiseveranstaltern angeboten. Je nach Saison kosten zwei Wochen Süd-Bali mit Flug ab ca. 1250 bis 1500 €. Last-Minute-Angebote gibt es für unter 1000 €.

Ankunft und Weiterreise: Balis Ngurah Rai Airport liegt 13 km südlich von Denpasar. Weitere Entfernungen: 5 km bis Kuta, 10 km bis Sanur, 15 km bis Nusa Dua, 30 km bis Ubud. Außerhalb des Terminals befindet sich ein Schalter des **Koperasi Taxi Service**, wo die Tarife angeschlagen sind. Man zahlt am Schalter und übergibt dem Fahrer dann nur den Coupon. Mit den meisten Taxifahrern kann man sich auf Englisch verständigen. In der Regel sind sie auch bei der Hotelsuche behilflich.

Wer Geld sparen will, findet tagsüber etwa 500 m vom Terminal entfernt an der Hauptstraße **Minibusse** nach Kuta. **Geldwechsler**, die allerdings schlechtere Kurse als die Wechselstuben in den Ferienzentren bieten, finden sich in der Ankunftshalle und beim Flughafenausgang.

Autofähren und **Passagierschiffe** verkehren zwischen Java (Ketapang bei Banyuwangi) und Bali (Gilimanuk) sowie zwischen Lombok (Labuhan Lembar) und Bali (Padang Bai und Benoa).

Unterwegs auf Bali

Mit Bus, Colt oder Bemo

Der öffentliche Inselverkehr besteht aus einer Armada von Bussen sowie so genannten Colts und Bemos. Große **Überlandbusse** und **Colts**, etwas flottere Minibus-

Reise-Service

se japanischer Herkunft, verkehren auf den Hauptrouten zwischen Denpasar und den anderen größeren Inselorten. Der Stadtverkehr und Kurzstreckenbereich ist die Domäne der **Bemos**, für den Personentransport umgebaute Kleinlaster. Eines haben diese drei Arten von öffentlichen Verkehrsmitteln gemeinsam: Sie sind nicht bequem, nicht pünktlich und nicht schnell. Aber ihre Benutzung kostet gerade Pfennigbeträge, und man kann mit ihnen, zumindest tagsüber, nahezu jeden Winkel der Insel erreichen. Etwa zwei- bis dreimal so teuer, aber wesentlich komfortabler und insbesondere schneller wird man von **privaten Shuttle-Bussen** (z.B. Perama Tourist Service), die zwischen den einzelnen Ferienzentren pendeln, befördert. Tickets sind in praktisch allen Reisebüros sowie zahlreichen Hotels und Pensionen erhältlich.

Mit dem Taxi

Taxis mit Taxameter gibt es nur in Denpasar und den südlichen Ferienzentren. Hotels und Reiseagenturen vermitteln Mietwagen, klimatisierte Limousinen oder Kleinbusse mit Fahrer, die man stunden- oder tageweise mieten kann.

Mit dem Auto

Wer individueller reisen möchte, kann sich einen **Leihwagen** nehmen. Filialen internationaler Verleihfirmen finden sich in den großen Hotels an der Südküste. Deutlich günstigere Tarife bieten meist kleine einheimische Vermieter oder Privatleute. Die beliebtesten Leihwagen sind kompakte, rechts gesteuerte Suzuki-Jeeps, die zwei Leuten bequem Platz bieten (je nach Saison und Mietdauer ca. 20 € pro Tag, ohne Kilometerbegrenzung). Bequemer und für 4–5 Personen geeignet sind die Toyota Kijang, eine Mischung aus Geländewagen und Minibus (ca. 25 bis 30 € pro Tag). Achten Sie darauf, dass eine Kfz-Versicherung im Mietpreis inbegriffen ist.

Wer auf Bali ein Auto mieten möchte, benötigt einen **internationalen Führerschein** und gute Nerven. Die sonst so auf Harmonie und Ausgleich bedachten Balinesen scheinen im Straßenverkehr von allen guten Geistern verlassen zu sein. Auf den balinesischen Straßen, die überquellen von Lastern, Bussen und Autos, herrschen die Gesetze des Asphaltdschungels. Die Straßenverkehrsordnung, die u. a. **Linksverkehr** vorschreibt, hat meist nur rein theoretische Bedeutung. Vor allem ängstliche Fahrer sollten vor Fahrtantritt in sich gehen: Tauge ich für das balinesische Roulette?

Mit dem Motorrad

Ein Motorrad bekommt man schon für 5–8 € pro Tag, allerdings besteht bei den anarchischen Verkehrsverhältnissen auf Bali ein enormes Unfallrisiko. Alljährlich kommen mehrere Touristen bei Motorradunfällen ums Leben, zahlreiche andere landen verletzt in Krankenhäusern. Verlangt wird ein internationaler Führerschein Klasse Eins oder eine nur für Bali gültige temporäre Fahrerlaubnis, die man ohne Komplikationen vor Ort erwerben kann.

Pferdedroschken

Eine stilvolle und beschauliche Art, Denpasar und andere balinesische

Reise-Service

Orte zu erkunden, bieten bunte, meist einspännige und zweirädrige Pferdedroschken, die so genannten Dokars. Für diese nostalgischen Gefährte gibt es keine festen Tarife, die Preise sind also immer Verhandlungssache.

Unterkünfte

Bali bietet fast überall für jeden Geldbeutel und Geschmack die passende Übernachtungsmöglichkeit.

Wer auf die Klimaanlage verzichten und mit einem Deckenventilator vorlieb nehmen kann und keinen großen Wert auf Zimmerservice legt, ist in einem **Losmen** oder **Homestay** bestens aufgehoben. Dies sind kleine Pensionen, die oft in typische Familienanwesen integriert sind und die Möglichkeit bieten, einen Einblick in balinesisches Alltagsleben zu gewinnen. In der Regel ist die Ausstattung der Gästezimmer oder -bungalows einfach, aber ausreichend: Ein oder zwei Betten, ein Tisch, zwei Stühle, ein Ventilator sowie ein Mandi, ein typisches indonesisches Badezimmer, in dem die Schöpfkelle die Brause ersetzt. Meist ist ein kleines Frühstück sowie ›Tee den ganzen Tag über‹ im Preis inbegriffen.

Die **Ferienhotels der oberen Kategorien** sind auf Bali, mit Ausnahme des zehnstöckigen Grand Bali Beach Hotel in Sanur, keine massigen Wolkenkratzer. Nach diesem architektonischen Fauxpas wurde nämlich ein Gesetz erlassen, demzufolge kein Bauwerk höher als die Kokospalmen sein darf. Zudem begannen Architekten und Bauherren, sich wieder auf traditionelle Baumaterialien und Stilelemente zu besinnen. Das Ergebnis kann sich sehen lassen: Traumhaft schöne, in weitläufige Tropengärten eingebettete, aufgelockerte (Strand-)Hotels im landestypischen Stil, die hinsichtlich Ausstattung und Service keinerlei Wünsche offen lassen. Erstklassige Restaurants sind hier ebenso selbstverständlich wie ein reichhaltiges sportives Angebot.

Aber auch **Unterkünfte der mittleren Preisklasse** haben auf Bali durchweg ein recht hohes Niveau. So gehören bei den meisten mittleren Hotels klimatisierte Zimmer und Swimmingpools inzwischen zur selbstverständlichen Standardausstattung.

Top-Hotels sollte man über ein Reisebüro entweder von Europa oder vor Ort buchen - der Preisnachlass ist oft beachtlich.

Deutlich weniger als die offiziellen Preise zahlt man häufig auch bei Online-Reservierung, die aber meist nur bei Hotels der oberen Kategorien möglich ist. Tipp: www.planetholiday.com – aktuelle Tarife und Rabatte der führenden Häuser Balis sowie Links zu den Hotels. Auch in mittleren Hotels kann man meist von Europa aus per Fax oder E-Mail reservieren. Das ist allerdings nur in der Hochsaison zwischen Juni und August sowie um Weihnachten nötig. Sonst hat man kaum Probleme, erst vor Ort eine Bleibe zu finden. Die Hotels der oberen Kategorien schlagen in der Regel auf den Rechnungsbetrag 10% für Service und 11% für Steuern auf. In vielen Häusern liegen die Preise in der Hochsaison etwa 20–30% höher. In der Nebensaison oder bei längeren Aufenthalten geben Manager auf Nachfrage oftmals erhebliche Preisnachlässe.

Orte v

Idyllische Orte und quirlige Urlaubszentren, Strände zur
Baden, Surfen und Tauchen, glitzernd grüne Reisterrasse
und hoch aufragende Vulkane. Erleben Sie die Balance zw
schen Natur und Kultur, balinesischer Tradition und mode
nem Leben. Tempelfeste und traditionelle Tanzvorführunge
z. B. bieten die Chance dazu. Auch zu Kunst und traditio

on A-Z

ellem Kunsthandwerk geht die Reise. Dieser Führer zur ›nsel der Götter‹ gibt Ihnen nützliche Tipps und ausgesuchte Adressen an die Hand, damit Ihr Urlaub zum Erlebnis wird! Und dem, der auf Bali Besonderes sehen möchte, dem seien die Extra-Touren empfohlen. Bali in kompakter, überschaubarer Form, für den, der viel sehen und nichts verpassen will.

Amed

Orte von A bis Z

Orte von A-Z

Alle interessanten Orte und ausgewählte touristische Highlights auf einen Blick – alphabetisch geordnet und anhand der Lage- bzw. Koordinatenangabe problemlos in der großen Extra-Karte zu finden.

Amed

Lage: M 3
Vorwahl: kein Telefon

Die Umgebung dieses kleinen muslimischen Fischerdorfs am östlichsten Zipfel der Insel steht in krassem Kontrast zur gewohnten üppig grünen Reisfeldlandschaft Balis. Trockenes Gras und knorrige Bäume sowie ausgedehnte Lavafelder, Reminiszenzen an den verheerenden Ausbruch des Agung-Vulkans im März 1963, prägen das Bild der Landschaft. Spektakulär ist die Anfahrt auf der Küstenstraße, die sich zwischen dem Meer und dem Massiv des Vulkans Gunung Seraya einen Platz gesucht hat. Hinter jeder Kurve und jeder Kuppe bieten sich neue herrliche Panoramablicke auf schwarze Klippen und graue Sandstrände. Bunte Fischerboote bilden hier die einzigen Farbtupfer. Ruhige Ferientage in dieser vom Tourismus bislang kaum berührten Region versprechen die komfortablen Beach Resorts bei Amed. Abwechslung zum Strandleben bieten Schnorchel- und Tauchtouren zu vorgelagerten farbenfrohen Korallenriffen.

Die grausandigen Strände um Amed fallen zwar nicht in die Kategorie ›Südsee-Traumstrand‹, doch dafür muss man sie sich allenfalls mit ein paar einheimischen Fischern teilen. An einigen Strandabschnitten sollte man sich nur bei Flut ins Wasser wagen, denn nur dann liegen die strandnahen Korallenbänke und Riffs so tief unter dem Wasserspiegel, dass man unbesorgt schwimmen kann.

Wegen der artenreichen submarinen Welt der Küstengewässer um Amed ist dieser Ort ein beliebtes Ausflugsziel für **Taucher** und **Schnorchler**. In den süd-balinesischen Ferienzentren bieten verschiedene Spezialveranstalter mehrtägige Touren nach Amed an.

Coral View Villas:
Buchung über Denpasar Office, Tel. 03 61/43 12 73, Fax 42 38 20, moderat.
Ein- und zweistöckige geräumige, klimatisierte Bungalows liegen in einem schönen Tropengarten direkt am grausandigen Strand. Mit originellem Pool und halb offenem Restaurant mit Meerblick.

Orte von A bis Z   **Amlapura**

Sightseeing	Hotels
Museen	Restaurants
Baden/Strände	Shopping
Sport/Freizeit	Nightlife
Ausflüge	Feste
Information	Verkehr

Hotel Indra Udhyana:
Buchung über Denpasar Office, Tel. 0361/24 11 07, Fax 234903, www.indra-udhyana.com, teuer. Komfortables Bungalowhotel in schöner Hanglage an der Küste, das frisches Design mit Natur und lokaler Architektur vereint. Geräumige Zimmer mit Klimaanlage und großer Veranda. Traumhafter Pool und Terrassenrestaurant.

Tiying-Petung Café:
günstig.
Gemütliches Lokal unter balinesisch-deutscher Führung. Salate werden nur mit abgekochtem Wasser gewaschen, Eiswürfel ebenfalls nur daraus hergestellt.

 Amed mit öffentlichen Verkehrsmitteln zu erreichen, ist zeitaufwendig. Wer nicht mit einer gebuchten Tour anreist, mietet in einem der Ferienzentren ein Fahrzeug oder chartert in Amlapura ein Bemo mit Fahrer.

Amlapura

Lage: L 4
Vorwahl: 03 63
Einwohner: ca. 20 000

Unter dem Namen Karangasem war Amlapura im 18. und 19. Jh. Sitz des mächtigen Fürstentums gleichen Namens. Die Machtsphäre der Rajas von Karangasem, die im Gegensatz zu anderen balinesischen Herrschern den Holländern ihre Loyalität erklärten, erstreckte sich lange Zeit auch auf Teile der Nachbarinsel Lombok. Nach dem katastrophalen Ausbruch des Agung-Vulkans im Jahr 1963, bei dem der Karangasem-Bezirk stark in Mitleidenschaft gezogen wurde, erhielt die Hauptstadt offiziell den Namen Amlapura. Als Verwaltungs- und Handelszentrum Ost-Balis besitzt Amlapura heute den herben Charme eines indonesischen Provinzstädtchens.

Puri Agung Kanginan:
Tgl. 8–18 Uhr. Zum Innenhof dieser Palastanlage, die zum Teil noch von Nachkommen der fürstlichen Familie bewohnt wird, führt ein von zwei Steinlöwen bewachtes, gedecktes Tor mit vierstufigem Dach. In der Architektur und der Bauplastik sowie auch in der Innenausstattung des im frühen 20. Jh. erbauten Puri vermengen sich chinesische, europäische und einheimische Stilelemente zu

Bangli

einem harmonischen Ganzen. Das Hauptgebäude, ein balinesischer Pavillon mit großer Veranda, trägt wegen seines erlesenen englischen Mobiliars den Namen Bale London. Von chinesischem Einfluss zeugen die kunstvoll geschnitzten Türen dieses Bauwerks. Im benachbarten Pavillon fanden einst an den heranwachsenden Mitgliedern des Herrschergeschlechts die Zeremonien des Zähnefeilens statt. Die dortigen Reliefs zeigen Szenen aus dem Ramayana. Im Zentrum der Palastanlage befindet sich ein künstlicher Lotosteich, in dessen Mitte sich der Bale Kembang erhebt, einst der prunkvolle Speisepavillon der Fürstenfamilie.

Wer in Amlapura wohnt, sollte keinesfalls einen Ausflug nach **Tirtagangga** versäumen (s. S. 73). Allerdings ist es im Grunde reizvoller, direkt dort zu übernachten. Des Weiteren lohnt **Ujung** einen Besuch, ca. 4 km südöstlich der Stadt. Der letzte Raja von Karangasem ließ diesen Wasserpalast 1921 nach eigenen Entwürfen bauen. Bei der Agung-Eruption von 1963 und einem schweren Erdbeben 1979 wurde er zwar fast vollständig zerstört, doch geht von den über Reisfelder verstreuten Ruinen eine merkwürdige, beinahe surreale Schönheit aus.

Tista: Ca. 12 km nördlich von Amlapura. Um dieses malerische, in eine traumhaft schöne Landschaft eingebettete Dorf breiten sich Reisterrassen aus, die zu den kunstvollsten ganz Balis gehören. Wegen grandioser **Reisterrassen** überaus reizvoll ist die **Route zwischen Amlapura und Bangli** über die am Fuße des Gunung Agung gelegenen Dörfer Sibetan, Duda, Selat und Rendang. Allerdings benötigt man hierfür ein eigenes Fahrzeug.

In Amlapura selbst gibt es nur einfache Pensionen, etwa das **Homestay Sidha Karya** und das **Losmen Lahar Mas**. Wesentlich angenehmer sind die Unterkünfte in Tirtagangga (s. S. 73).

Busse und **Bemos** nach Amlapura ab Terminal Batubulan (8 km nordöstlich von Denpasar). Vom Terminal in der Ortsmitte von Amlapura fahren regelmäßig Bemos nach Ujung und Tirtagangga sowie sporadisch nach Tista. Mehrmals täglich verkehren Busse und Bemos auf der wenig befahrenen Straße entlang der Nordostküste zwischen Amlapura und Singaraja.

Bangli

Lage: J 4
Vorwahl: 03 66
Einwohner: ca. 30 000

Etwa 500 m hoch, an den südlichen Ausläufern des zentralen Gebirgsmassivs gelegen, besitzt der einstige Mittelpunkt eines der historischen Fürstentümer Balis ein angenehmes, wenn auch regenreiches Klima. Klima und sprichwörtliche Fruchtbarkeit der vulkanischen Böden haben die Umgebung von Bangli zu einem großen Gemüsegarten gemacht. Jeden dritten Tag, wenn im Ortskern ein lebhafter und farbenprächtiger Markt abgehalten wird, erwacht die verschlafene Stadt aus ihrer tropischen Lethargie. Des Weiteren gilt die Kleinstadt als der Ort Balis, an dem die meisten Tempelfeste und andere religiös-kulturelle Veranstaltungen stattfinden.

Orte von A bis Z **Bangli**

Penjor, Bambusstangen mit kunstvollem Flechtwerk als Opfergabe, säumen die Straßen: hier bei Bangli

Mit dem etwa 2 km nördlich des Zentrums gelegenen **Pura Kehen**, einem der Reichstempel, besitzt Bangli eine der weitläufigsten und schönsten Tempelanlagen der Insel. Ein 38-stufiger, von fantasievollen Steinfiguren gesäumter Treppenaufgang führt zum reich verzierten Haupttor dieses im 11. Jh. gegründeten Heiligtums, das sich in sieben Terrassen bergwärts zieht. Über dem Portal prangt eine Kala Boma-Maske, eine stilisierte Dämonenfratze mit gespreizten Händen. Ihre Aufgabe ist es, übel wollende Wesen aus der unteren Sphäre – sowie auch nicht der Tempeletikette entsprechend gekleidete Besucher – fern zu halten. Ein mächtiger, als Trommelturm dienender Banyan-Baum erhebt sich im äußeren Tempelvorhof, in dessen Ziegelsteinmauern wertvolle chinesische Porzellanteller eingelassen sind. Das Allerheiligste auf der obersten Terrasse dominiert ein elfstufiger Meru (Weltenberg), ein Schrein für die Hindu-Gottheit Shiva. Hervorragend gestaltet ist der Lotosthron mit der schlangenumwundenen Schildkröte Bedawang als Sockel. Eine halbe Stunde dauert der Aufstieg zum **Bukit Bangli**, dem Berg oberhalb des Pura Kehen, von dem sich an klaren Tagen ein schöner Blick auf den Gunung Agung bietet.

Artha Sastra Inn, Jl. Merdeka 5, Tel. 911 79, günstig.
Dieses von Agung Artha Sastra, einem Nachfahren des letzten Raja von Bangli, geführte kleine Palasthotel spiegelt den etwas angegriffenen Glanz vergangener fürstlicher Zeiten wider. An balinesischer Kultur Interessierte finden im Englisch sprechenden Agung Artha Sastra eine schier unerschöpfliche Informationsquelle.

Auf verwöhnte Touristengaumen eingestellte Lokale gibt es nicht in Bangli. Zum Essen hat man die Wahl unter einer Hand voll Warungs.

Batuan

Orte von A bis Z

Bekannt für seine Tänze: Batubulan

🎭 **Balinesische Tänze**, vor allem verschiedene Versionen des Baris-Kriegstanzes, werden gelegentlich im etwa 2,5 km nordwestlich des Zentrums gelegenen Kulturzentrum Wisata Budaya aufgeführt.

🚌 **Busse, Bemos** nach Bangli ab Terminal Batubulan (8 km nordöstlich von Denpasar).

Batuan

Lage: H 6
Extra-Tour 2: s. S. 86

Batubulan

Lage: H 6
Extra-Tour 2: s. S. 86
Vorwahl: 0361

In diesem lang gezogenen Straßendorf hämmern Bataillone von Steinmetzen im Akkord. Da auf Bali von alters her die moralische Verpflichtung zur permanenten Instandhaltung der sakralen Bauwerke besteht, haben die hiesigen, auf die Herstellung von Götter- und Dämonenstatuen spezialisierten Künstler alle Hände voll zu tun, um die Nachfrage zu befriedigen. Verwendet wird hauptsächlich der Paras, ein weicher, vulkanischer Tuffstein.

👁 **Pura Puseh:** Ein gutes Beispiel für die Arbeit der Steinmetze gibt der Ursprungstempel von Batubulan, Pura Puseh, der etwas abseits der Hauptstraße an der nördlichen Peripherie des Ortes liegt. Das massive Tempeltor ist von einem nahezu lückenlosen Mantel aus figurenreichen Reliefs, fantastischen Steinfiguren, verschlungenen Arabesken und anderen Zierelementen überzogen. Bemerkenswerteise stehen sich hier Gottheiten aus dem hinduistischen Pantheon und zwei in Nischen sitzende, meditierende Buddhas gegenüber – ein Stein gewordenes Symbol für die Verschmelzung religiöser und kultureller Einflüsse auf Bali.

KOKAR-Akademie (Konservatori Kerawitan): Tel. 29 87 19, Mo–Fr 8–16 Uhr.
Diese Hochschule für darstellende Kunst liefert den Beweis dafür, wie intensiv und anstrengend das Training der zukünftigen Tänzerinnen und Tänzer ist: Die meisten balinesischen Tänze folgen nämlich einer strengen Choreographie, die das Gebärdenspiel der Hände und Finger sowie die Expressivität der Augen exakt vorschreibt.

Taman Burung – Bali Bird Park: Jl. Serma Cok Ngurah Gambir, Singapadu, Tel. 29 93 52, Fax 29 96 14, tgl. 8–18 Uhr.

Orte von A bis Z

Batur-See/-Vulkan

Hier zwitschert es überall: Der weitläufige Vogelpark im Norden des Ortes beherbergt in zahlreichen Käfigen sowie einer großen Flugvoliere über 1000 Vögel aus Asien und Australien. Wer die beschwerliche Fahrt zur ›Dracheninsel‹ Komodo scheut, findet dort auch einige Komodo-Warane.

Rimba Reptil – Bali Reptile Park: Jl. Serma Cok Ngurah Gambir, Singapadu, Tel. 29 93 44, tgl. 9–18 Uhr.

In diesem auf die südostasiatische Tierwelt spezialisierten Tierpark kann man sich von Königskobras, Pythons, Komodo-Waranen sowie anderen Schlangen und Echsen Schauer über den Rücken jagen lassen.

Wegen der hohen Transportkosten zählen die in Batubulan hergestellten schweren Steinfiguren nicht zu den beliebtesten Bali-Souvenirs. Allerdings haben einige Läden an der Hauptstraße außer Steinmetzarbeiten auch noch andere Artikel im Angebot, z. B. Holzschnitzereien und Textilien aus anderen Regionen Balis. Es lohnt sich, folgende Geschäfte zu besuchen:

Galuh Art Shop: Jl. Raya Batubulan, Tel. 29 81 37, Fax 29 83 04.
Kadek's Antique Shop: Jl. Raya Batubulan, Tel. 29 87 23.

Barong-Tanzspiel und Kecak-Tanz:

Tgl. 9.30–10.30 Uhr. In der Nähe des Pura Puseh befindet sich eine der vier Bühnen Batubulans, auf denen jeden Vormittag das berühmte Barong-Tanzspiel inszeniert wird. Zwar ist dieses Tanzdrama, mit dem die Balinesen in seiner authentischen Form die Dualität allen Seins, das Gleichgewicht zwischen Gut und Böse, beschwören, hier unverkennbar auf den Geschmack des (Touristen-)Publikums zugeschnitten, doch ist es dennoch ein Beispiel exzellenter, professioneller Tanzkunst. Auf einer Bühne etwas abseits der Hauptstraße wird tgl. (18.30–20 Uhr) der Kecak-Tanz aufgeführt.

Bemos nach Batubulan ab Denpasar/Terminal Kereneng (Jl. Kamboja). Ab Terminal Batubulan **Busse** und **Bemos** nach Ost- und Zentral-Bali, z. B. Gianyar, Ubud, Bedulu, Tampaksiring, Bangli, Kintamani, Klungkung, Kusamba, Padang Bai, Candi Dasa und Amlapura.

Batur-See/-Vulkan

Lage: J/K 2/3

Ca. 30 km nordöstlich von Ubud. Vom am Rande des urzeitlichen Batur-Kraters gelegenen **Penelokan**, einem kleinen Ort, dessen Name ›Aussichtspunkt‹ bedeutet, bietet sich ein atemberaubender Breitwandblick auf eine der großartigsten Vulkanlandschaften Indonesiens. Vor Jahrmillionen hat sich dort nach einem gigantischen Vulkanausbruch eine Caldera gebildet, die mit einem Durchmesser von 12 km zu den größten Einbruchkesseln der Welt zählt. Aus der Mitte des riesigen alten Batur-Kraters wuchs vor erdgeschichtlichen Sekunden ein neuer Vulkan – der 1717 m hohe, noch tätige Gunung Batur, der 1994 zum bislang letzten Mal ausbrach. An seinen Flanken ziehen sich erstarrte Lavaströme bis an die Ufer des halbmondförmigen Batur-Sees, der ca. ein Drittel der Caldera ausfüllt.

Von Penelokan windet sich eine Serpentinenstraße hinunter nach

Batur-See/-Vulkan

Orte von A bis Z

Noch heute tätig: der Vulkan Gunung Batur

Kedisan und dann weiter über Lavafelder nach **Toya Bungkah**. Der Ort ist eigentlich nichts weiter als eine Ansammlung preiswerter Pensionen mit einfachen, aber sauberen Zimmern am Westufer des Batur-Sees. Doch Bergwanderer, die den Batur-Vulkan ›bezwingen‹ wollen, finden in diesem Ort den idealen Stützpunkt. Für ein paar Euro bieten sich in den dortigen Losmen und Restaurants Führer für die nicht allzu schwierige, in insgesamt 3–4 Std. zu bewältigende Vulkantour an. Nach dem Ausflug kann man sich bei einem Bad in den im seichten Uferbereich des Batur-Sees sprudelnden Thermalquellen wunderbar entspannen.

Gegenüber von Toya Bungkah liegt **Trunyan**, das einsamste Dorf Balis. In dieser noch aus prähinduistischen Zeiten stammenden geschlossenen Siedlung leben Bali Aga, Ureinwohner der Insel, fast unberührt von der Außenwelt. Sie hängen heute noch einem uralten animistischen Glauben an, der sich vor allem in den Beisetzungssitten manifestiert. Nach altem Brauch werden die Toten von Trunyan weder begraben noch verbrannt, wie auf Bali allgemein üblich, sondern stattdessen, auf einem Friedhof aufgebahrt, ihrem Schicksal überlassen. Diese Bestattungsriten wurzeln in der Vorstel-

Tempelfest

Lebhaft geht es beim Odalan des Pura Ulun Danu Batur zu (bei Vollmond im März/April, zwei Wochen nach Nyepi, dem balinesischen Neujahrsfest). Dicht an dicht drängen sich Verkaufsstände und Garküchen. Und natürlich gibt es Hahnenkämpfe (s. S. 14).

Orte von A bis Z

Bedugul/Bratan-See

grandiose Panoramen. Stopps lohnen sich beim **Pura Ulun Danu Batur**, einer weitläufigen, aus schwarzem Lavagestein errichteten Tempelanlage im Dorf Batur, in dem Handelsstädtchen **Kintamani**, wo jeden dritten Tag ein lebhafter Markt abgehalten wird, sowie beim **Pura Tegeh Koripan**, einem Bergheiligtum auf dem oft wolkenverhangenen Gipfel des Gunung Penulisan.

Bedugul und der Bratan-See

Lage: G 3
Vorwahl: 03 68

lung, wilde Tiere würden die Verstorbenen in die jenseitige Welt transportieren.

Von der zwischen Penelokan und Penulisan unmittelbar auf dem Kraterrand verlaufenden Straße bieten sich immer wieder

Nicht begraben, nicht verbrannt: die Toten von Trunyan

Bedugul liegt am Südende des Danau Bratan. Wie der Batur-See liegt auch der Danau Bratan (zusammen mit seinen Nachbarn Buyan und Tamblingan) in der Caldera eines urzeitlichen, längst erloschenen Vulkans. Doch hier erwartet den Besucher eine Überraschung: dichter Wald, viel Grün und offensichtlich fruchtbares Land – nicht von ungefähr nennen die Einheimischen den Bratan ›Heiliger Bergsee‹. Mit seinem Wasser berieseln sie ihre Bergfelder. Bedugul selbst ist ein Erholungsort mit mehreren Hotels und Restaurants. Dank seiner Höhenlage (1200 m) besitzt er ein angenehm kühles Klima und bietet deshalb eine willkommene Abwechslung zur tropischen Hitze der Küste. Nebelschwaden oder Regenwolken, die gar nicht so selten über die Landschaft ziehen, tun dem keinen Abbruch.

Pura Ulun Danu: Außerordentlich malerisch liegt dieser Tempel – ein sehr beliebtes

Bedugul/Bratan-See

Orte von A bis Z

Golfers Traum: durch dieses Tor auf den Bali Handara Golf Course

Fotomotiv – am Westufer des Bratan-Sees. Hier wird Dewi Danu verehrt, die Göttin der Seen und Flüsse. Wie in allen balinesischen Tempeln haben auch hier neben der eigentlichen Tempelgottheit noch andere Götter ›Hausrecht‹. So ist der elfstufige Meru, der sich auf einer kleinen Insel im See erhebt, Shiva und seiner Gemahlin Parvati geweiht.

Botanischer Garten (Kebun Raya): Tgl. 8–18 Uhr. In dem etwa 130 ha großen Terrain, das sich unweit von Bedugul, nahe der kleinen Ortschaft Candi Kuning erstreckt, kann man im Schatten jahrhundertealter Baumgiganten ausgedehnte Spaziergänge unternehmen und bekommt dabei einen guten Eindruck von der üppig wuchernden tropischen Höhenflora. Zu sehen sind u. a. zahlreiche wilde Orchideenarten, auch sehr seltene Spezies.

Bukit Mungsu: In diesem zwischen Bedugul und Candi Kuning gelegenen Bergdorf am Bratan-See findet täglich ein farbenfroher Markt statt, auf dem Bäuerinnen die landwirtschaftlichen Produkte des ebenso feuchten wie fruchtbaren Berglands verkaufen, darunter exotische Früchte wie Salak, Sirsak, Rambutan, Blimbing und Mangosteen. Angeboten werden zudem Blumen, vor allem Orchideen, die in einem Feuerwerk von Farben miteinander konkurrieren.

 Wasserski und **Parasailing** bietet der zum Bedugul Hotel gehörende Bedugul Leisure Park (Tel. 265 93). Vermietung von Motor- und Paddelbooten.

Den **Bali Handara Golf Course**, zwischen Bratan- und Buyan-See gelegen, preisen Fachleute als einen der schönsten 18-Loch-Plätze der Welt. Bali Handara Kosaido Country Club, Tel. 03 62/221 82, Fax 220 48.

... in Bedugul
Bedugul Hotel:
Tel. 213 66, Fax 211 98, moderat. Dieses vor allem bei indonesischen Touristen beliebte Ferienhotel am Südufer des Bratan-Sees bietet solide ausgestattete Bungalows und

Orte von A bis Z

Candi Dasa

ein Restaurant sowie diverse Wassersportmöglichkeiten.
... in Candi Kuning
Lila Graha Bungalows:
Tel. 214 46, günstig.
Mehrere moderne Gästehäuser gruppieren sich in herrlicher Lage oberhalb des Bratan-Sees um eine stilvoll restaurierte Kolonialvilla. Alle Zimmer mit Warmwasser.
Enjung Beji Resort:
Tel. 214 90, Fax 210 22, moderat.
Geräumige, stilvoll und komfortabel ausgestattete Bungalows in bester Lage am See nahe Pura Ulun Danu. Restaurant mit indonesisch-balinesischer Speisekarte.
... in Desa Pancasari
Bali Lake Buyan Cottages:
Tel. 0362/213 51,
Fax 0362/213 88, teuer.
Diese Ferienanlage mit sehr komfortabel ausgestatteten Einzelbungalows, die jeweils über mehrere Räume verfügen, liegt etwa 5 km nördlich von Bedugul. Das Restaurant bietet inseltypische sowie internationale Gerichte.
... in Munduk
Puri Lumbung Cottages:
Munduk, Tel. 0362/928 10, Fax 92514, oder Hotel and Tourism Training Institute, P. O. Box 2, Nusa Dua, Tel. 0361/77 20 78, Fax 77 19 85, moderat.
Abseits der touristischen Hauptroute liegen, eingebettet in eine herrliche Berglandschaft und ca. 25 km nordwestlich von Bedugul, diese inseltypischen, vorwiegend aus Naturmaterialien errichteten doppelstöckigen Bungalows. Die Leitung der Anlage ist sehr bemüht, den Gästen die Möglichkeit zu geben, Land und Leute, Natur und Kultur zu entdecken und zu verstehen, v. a. durch direkten Kontakt mit den Menschen. Auf Wunsch vermittelt man auch Privatunterkünfte bei Einheimischen. Im luftigen Terrassenrestaurant werden balinesische, indonesische und europäische Gerichte serviert.

 In den Orten selbst finden sich nur die Restaurants der Hotels und kleine Warungs.
Perama Ulun Danu:
Tel. 211 91, moderat.
In dem Ausflugslokal in der Nähe des Pura Ulun Danu stehen neben indonesisch-balinesischen Gerichten auch Spezialitäten von der Insel Lombok auf der Speisekarte. Von der Terrasse bietet sich ein schöner Blick auf den Bratan-See.

Busse und **Bemos** nach Bedugul ab Denpasar/Terminal Ubung, ab Singaraja/Terminal Banyusari.

Candi Dasa

Lage: L 5
Vorwahl: 03 63

Mit Elan ging man in den 80er-Jahren daran, dieses damals noch verschlafene Fischerdorf in ein zweites Kuta zu verwandeln. Zunächst entstanden entlang dem weißen Sandstrand vereinzelt einfache Bleiben für anspruchslose Traveller, denen aber rasch Strandhotels für Urlauber mit gehobenen Ansprüchen folgten. Bald gab es auf dem schmalen Landstreifen zwischen Meer und Küstenstraße kaum mehr einen unbebauten Quadratmeter. Doch die Götter waren den Investoren offensichtlich nicht wohlgesonnen, denn Candi Dasa ist heute ein Beach Resort fast ohne Strand. Weil man ein vorgelagertes Korallenriff, den natürlichen Schutzwall gegen die erodierenden Kräfte des Meeres,

Candi Dasa

Orte von A bis Z

Schuluniformen gehören zum Alltag: Kinder in Candi Dasa

als billiges Baustoffdepot plünderte, spülte die starke Brandung ganze Strandabschnitte in die malerische Labuhan Amuk-Bucht. Mit Wellenbrechern aus Beton versucht man nun, die viel zu dicht am Meer errichteten Bungalowanlagen zu schützen, teils werden künstlich neue Strandabschnitte aufgeschüttet. Trotz dieses Mankos: Mit seinen komfortablen und preiswerten Unterkünften sowie guten Restaurants bietet sich Candi Dasa als idealer Ausgangspunkt für Streifzüge im Osten Balis an.

Am Candi Dasa Beach ist Baden und Schwimmen allenfalls bei Flut möglich; und auch dann muss man große Vorsicht walten lassen, um sich nicht an den noch verbliebenen algenbewachsenen Korallenblöcken zu verletzen. Bessere Schwimm- und Bademöglichkeiten bieten die Strände westlich von Candi Dasa, etwa Sengkidu Beach, Mendira Beach und Balina Beach. Praktisch alle Strandhotels der gehobenen Kategorie verfügen aber über zum Teil sehr schöne Swimmingpools.

Goa Lawah: Fährt man von Candi Dasa Richtung Süden noch ein paar Kilometer über Padang Bai hinaus, erreicht man, direkt an der Hauptstraße nach Klungkung, den Fledermaustempel Goa Lawah. Er zählt zu den Reichstempeln Balis und ist zugleich ein Naturphänomen. Unmittelbar am Eingang der Grotte, wo ständig Gläubige vor Schreinen und Steinthronen beten und opfern, hängen abertausende von Fledermäusen in dichten Trauben an der Felsendecke. Den Balinesen gelten diese Tiere, deren Geschrei die Luft vibrieren lässt und deren scharfer Geruch in der Nase sticht, als heilig. Verehrt werden in dem Höhlentempel, dessen Ursprünge bis ins 11. Jh. zurückreichen, aber in erster Linie zwei mythologische Schlangen – Sanghyang Basuki, der ›Herr der Schlangen‹, und die ›Weltenschlange‹ Antaboga. Bis-

Orte von A bis Z **Candi Dasa**

lang ist noch niemand in das weit verzweigte Höhlensystem vorgedrungen, aber für die Balinesen steht fest, dass Goa Lawah im etwa 20 km entfernten Pura Besakih am Fuße des heiligen Gunung Agung endet. Somit wäre sie die Achse zwischen den Gegenpolen Berg und Meer bzw. der Sphäre des Göttlichen und dem Reich des Bösen. Darüber hinaus gilt Goa Lawah auch als Symbol des Freiheitskampfes. Hier trafen sich zu Beginn des 20. Jh. balinesische Fürsten, um den Widerstand gegen die holländische Kolonialmacht zu organisieren.

Kusamba: Nur 2 km von Goa Lawah entfernt wird am schwarzen Sandstrand von Kusamba nach Urväter Art Salz gewonnen, indem Meerwasser in der Tropensonne verdunstet.

Von Candi Dasa aus lassen sich weitere wunderbare Ausflüge unternehmen: nach **Tenganan** (Extra-Tour 4, s. S. 90), zum **Gunung Agung** (Extra-Tour 5, s. S. 92), dem balinesischen Muttertempel Pura Besakih (s. S. 47), und auch nach Klungkung (s. S. 46).

 **... in Candi Dasa**
Kelapa Mas:
Tel./Fax 419 47, günstig.
Familiäre Bungalowanlage mit großem Garten direkt am Strand.

Sindhu Brata Homestay:
Tel. 418 25, Fax 419 54, günstig.
Die einfachen, aber charmant im inseltypischen Stil gestalteten Bungalows dieser familiären Anlage, die alle entweder eine Klimaanlage oder einen Deckenventilator besitzen, liegen ausgesprochen idyllisch an der Lagune von Candi Dasa.

Candi Dasa Beach Bungalows II: Tel. 411 26, Fax 415 37, moderat.
Bungalows und Zimmer (alle klimatisiert und komfortabel ausgestattet) ohne Strand, aber mit Swimmingpool und Sonnenterrasse. Im Restaurant mit Meeresblick wird Seafood in fantasievollen Variationen serviert.

Kubu Bali: Tel. 415 32, Fax 415 31, www.kububali.com, moderat.
Komfortable Bungalows in wundervoller Hanglage mit Blick über die Amuk-Bucht. Schöner Swimmingpool und auf fangfrisches Seafood spezialisiertes Restaurant.

The Watergarden:
Tel. 415 40, Fax 411 64, www.watergardenhotel.com, teuer.
Die komfortablen Bungalows (teils mit Klimaanlage, teils mit Ventilator) dieses abseits vom Strand gelegenen, sehr stilvollen Hotels verstecken sich im tropischen Grün

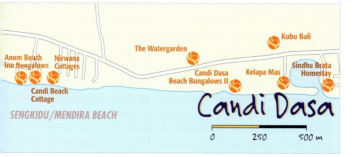

Candi Dasa

Orte von A bis Z

eines wunderschönen Gartens mit lauschigen Fischteichen und kleinen Wasserfällen. Zur Ausstattung der Anlage gehören ein Salzwasser-Pool sowie ein kleines, halb offenes Restaurant.
Amankila: Tel. 413 33, Fax 415 55, www.amanresorts.com, Luxus.
Wie ein Adlerhorst thront dieses Luxusrefugium für Urlauber, denen für die ›kostbarsten Tage des Jahres‹ nichts zu teuer ist, hoch über der Labuhan Amuk-Bucht bei Candi Dasa. Spektakulärer Pool, Restaurant mit kreativer Küche.

... in Balina Beach
The Serai:
Buitan, Manggis, Tel. 410 11, Fax 410 15, www.ghmhotels.com, teuer bis Luxus.
Dieses komfortable Strandhotel mit erstklassigem Restaurant und großzügigem Pool liegt etwa 5 km westlich von Candi Dasa unmittelbar am Meer. Architektonisch verbindet es balinesische und westliche Stilelemente.

... in Mendira und Sengkidu Beach
Anom Beach Inn Bungalows:
Tel. 419 02, Fax 419 98, moderat.
Dieses familienfreundliche Bungalowhotel liegt etwa 2 km westlich von Candi Dasa an einem relativ breiten Strandabschnitt. Mit Restaurant, Swimmingpool und hübschem Garten.
Nirwana Cottages: Tel. 411 36, Fax 415 43, moderat.
An einem ruhigen, unverbauten Strandabschnitt etwa 1,5 km westlich von Candi Dasa liegen inmitten eines üppigen Tropengartens die gut ausgestatteten, klimatisierten Bungalows dieses schönen Strandhotels. Mit Swimmingpool und Restaurant. Pendelservice zum Flughafen auf Anfrage.
Candi Beach Cottage: Tel. 412 34, Fax 411 11, www.indo.com/hotels/candi_beach, teuer.
Das etwa 2 km westlich von Candi Dasa gelegene Strandhotel besitzt 64 im balinesischen Stil eingerichtete, klimatisierte Zimmer (Bungalows und Haupthaus). Der besonders schön angelegte Swimmingpool hat ein separates Kinderbecken. Das Open-Air-Restaurant bietet eine interessante Mischung aus indonesischer, chinesischer und internationaler Küche.

Die Hotels an den Stränden verfügen über Restaurants, die auch den Gästen anderer Hotels offen stehen. Außerdem liegen an den Zufahrtsstraßen zum Strand einfachere Restaurants oder Warungs. Nachfolgend einige Restaurants in Candi Dasa selbst.
Pandan: Tel. 415 41, günstig.
Hier bekommt man frisch gegrillten Fisch, Muscheltiere und regionale Spezialitäten. An manchen Tagen gibt es ein balinesisches Buffet-Dinner. Alles vor dem Panorama der Labuhan Amuk-Bucht!
Warung Astawa: Tel. 413 63, günstig bis moderat.
Gemütliches Lokal mit balinesischen Gerichten und Seafood am östlichen Ortsausgang. Abends ab 19.45 Uhr Legong-Aufführungen.
Lotus Café: Tel. 412 57, moderat.
Restaurant mit Meeresblick am westlichen Ortsrand von Candi Dasa, wo man vor allem schmackhafte Fischgerichte aus lokalen Gewässern goutieren kann.
Kubu Bali: Tel. 415 32, teuer.
In diesem stilvollen Restaurant werden hervorragend zubereitete, dem westlichen Geschmack leicht angepasste indonesische und chinesische Gerichte serviert. Man kann den Köchen bei ihrer schweißtreibenden Arbeit zuschauen!

Orte von A bis Z — **Denpasar**

🥂 Nachtschwärmer hält es nicht lange in Candi Dasa, denn hier klappt man die Gehsteige meist schon weit vor Mitternacht hoch. Zwei Lokale haben etwas länger geöffnet: das auf indische Küche spezialisierte **Ayu Restaurant & Bar** (Tel. 419 73), wo jeden Mo, Do und So ab 19.30 Uhr ein Gitarrenspieler in die Saiten greift, und der italienische **Ciao Pub** (Tel. 412 78), in dem es jeden Mi u. Sa ab 21 Uhr Livemusik gibt.

🎭 Meist im Juni findet im nahen Bali Aga-Dorf Tenganan das **Mekare-Kare-Fest** statt (Extra-Tour 4, s. S. 91).

🔄 **Busse** und **Bemos** nach Candi Dasa ab Terminal Batubulan (8 km nordöstlich von Denpasar). Agenturen, z. B. Perama Tourist Service (Tel. 411 14), bieten einen **Shuttle-Bus**, der zwischen Candi Dasa und Kuta/Legian, Candi Dasa und Flughafen Ngurah Rai (Denpasar) sowie Candi Dasa und Ubud pendelt.

Celuk

Lage: H 6
Extra-Tour 2: s. S. 86

Denpasar

Lage: H 6
Vorwahl: 03 61
Einwohner: ca. 400 000

Vor gar nicht langer Zeit noch ein großes Dorf mit ruhigem Herzschlag, ufert die Inselhauptstadt heute in die Dimensionen einer Metropole aus, ohne greifbare Aussicht darauf, die mit der Wucherung verbundenen Probleme auch nur annähernd lösen zu können. Hektisch, laut, schmutzig, versmogt – das ist der erste Eindruck von Denpasar, einst unter dem Namen Badung Mittelpunkt des gleichnamigen Königreichs. Mit modernen, mehrstöckigen Betonbauten präsentiert sich das aufstrebende Handels- und Verwaltungszentrum als eine typisch indonesische Provinzstadt. Von ›Exotik‹ kaum eine Spur; wenig, was einem europäischen Gemüt in irgendeiner Form als ›malerisch‹ erscheinen könnte. Dennoch lohnt sich zumindest ein kurzer Abstecher, denn Denpasar hat dem Besucher einige bedeutende kulturelle Sehenswürdigkeiten zu bieten.

👁 **Puputan-Platz:** Hauptplatz im Stadtzentrum. Hier fand 1906 die rituelle Selbstvernichtungsschlacht (Puputan) des Raja von Badung und seines Gefolges gegen die anrückenden holländischen Kolonialtruppen statt. An den grausamen Massenselbstmord erinnert heute das bronzene Puputan-Monument, ein aus einer stilisierten Lotosblüte wachsendes Heldendenkmal. Mit steinernem Stoizismus blickt dort auch die viergesichtige Statue des Bhatara Guru, des Wächters der vier Himmelsrichtungen, herab auf das permanente Verkehrschaos.

Pura Jagatnatha: Nordöstliche Seite des Puputan-Platzes, Jl. Surapati. Dieser zwei Jahre nach der Zerstörung während des Puputan wieder aufgebaute Tempel ist einer der so genannten Reichstempel und gilt damit als eines der bedeutendsten Heiligtümer Balis. Er ist Sanghyang Widhi Wasa geweiht, dem Allerhöchsten Wesen, in dem, nach Auffassung der Bali-

Denpasar
Orte von A bis Z

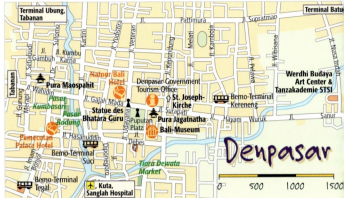

nesen, alle balinesischen Gottheiten sowie die vergöttlichten Ahnen und die Naturkräfte verschmelzen. Die Gottheit wacht als goldene Statue auf dem siebenstufigen Padmasana (Lotosthron) über die aus Korallengestein erbaute Tempelanlage.

St. Joseph-Kirche: Jl. Kepundung. Katholisches Gotteshaus, in dessen Architektur und Ausgestaltung christliche Motive und balinesische Stilelemente eine interessante Melange eingehen. So erscheinen die in Sarongs gehüllten Engel an der Fassade wie Legong-Tänzerinnen.

Pasar Badung: Jl. Gajah Mada. Dieser lebhafte, farbenfrohe Markt in einem mehrstöckigen Gebäude teilt sich in einen ›nassen‹ Bereich, wo es Obst, Gemüse, Fisch und Fleisch gibt, sowie einen ›trockenen‹ Sektor, in dem Textilien, Haushaltswaren, konfektionierte Lebensmittel und Ähnliches feilgeboten werden. Am schönsten ist ein Bummel in den frühen Morgenstunden.

Pasar Kumbasari: Jl. Gajah Mada. Vor allem mit in Serienfertigung hergestellten kunsthandwerklichen Souvenirs reich bestücktes Einkaufszentrum. Im Untergeschoss findet vom späten Nachmittag an ein quirliger Nachtmarkt (Pasar Malam) statt.

Werdhi Budaya Art Center:
Jl. Nusa Indah, Tel. 22 71 76,
tgl. 8–16 Uhr.
Ein Besuch dieses weitläufigen, an Denpasars östlicher Peripherie gelegenen Kulturkomplexes ist ein ›Muss‹ für alle, die ein Faible für balinesisches Kunstschaffen haben. Die verschiedenen Pavillons der in ›barockem‹ balinesischem Baustil errichteten, in einem üppigen Tropengarten eingebetteten Anlage beherbergen sehenswerte Dauerausstellungen balinesischer Mal- und Holzschnitzkunst sowie Übungssäle für Musik und Tanz. Eine kleine Galerie würdigt das Werk des deutschen Malers Walter Spies, der in den 30er-Jahren die einheimischen Künste beeinflusste.

Bali-Museum: Südöstliche Seite des Puputan-Platzes, Jl. Wisnu/Jl. Beliton, Tel. 22 26 80, Di–Do 8–15.45, Fr 8–14.45, Sa 8–15.15, So 8–15.45 Uhr.
1932 von den Holländern gegründetes Völkerkundemuseum, das einen hervorragenden Überblick über die Kulturgeschichte der Insel

Orte von A bis Z **Denpasar**

von vor- und frühgeschichtlicher Zeit bis in unsere Tage vermittelt. Die einzelnen Gebäude des Museumskomplexes sind ganz im Stil der traditionellen balinesischen Palast- und Tempelarchitektur errichtet. Der gegenüber dem Kulkul-Turm (von wo sich ein guter Überblick bietet) gelegene Pavillon im Stil der west-balinesischen Tabanan-Paläste beherbergt u. a. eine exquisite Sammlung von Topeng-Masken und Schattenspielfiguren sowie Barong- und Rangda-Gestalten. Das mittlere Gebäude, dessen Architektur dem Baustil der ost-balinesischen Paläste von Karangasem nachempfunden ist, birgt u. a. hervorragende Holzschnitzarbeiten und religiöse Kultobjekte sowie Modelldarstellungen von wichtigen Zeremonien im Lebenslauf eines Menschen, wie Zahnfeilungs-, Hochzeits- und Verbrennungsfeiern. Das südlich anschließende Bauwerk ist eine Nachbildung des Fürstenpalastes von Buleleng auf Nord-Bali. Hier befindet sich eine sehenswerte Sammlung von traditionellen Zeremonialgewändern und interessanten Webarbeiten in der komplizierten Ikat-Technik. Im Erdgeschoss eines vierten, modernen Gebäudes sind archäologische Fundstücke und historische Exponate zu sehen, die Ausstellung im oberen Stockwerk beschäftigt sich mit Kunsthandwerk und Volkskunst auf Bali.

Denpasar Government Tourism Office: Jl. Surapati 7, Tel. 23 45 69, Mo–Do 8–14, Fr 8–11, Sa 8–12.30 Uhr.
Hier ist u. a. der sehr wichtige aktuelle »Calendar of Events« mit den Terminen der bedeutendsten religiösen Zeremonien sowie Veranstaltungshinweisen für Tanz- und Theateraufführungen erhältlich.

 Natour Bali Hotel: Jl. Veteran 3, Tel. 23 56 81, Fax 23 53 47, moderat.
Die nostalgische Atmosphäre dieser stilvoll renovierten holländischen Kolonialherberge, in der die Dielen knarren wie eh und je, macht gewisse Einbußen an luxuriöser Bequemlichkeit wett. Das Hotel liegt günstig, nahe dem Puputan-Platz. Alle Zimmer sind klimatisiert, Restaurant, Bar und Swimmingpool vorhanden.

Pemecutan Palace Hotel: Jl. M.H. Thamrin 2, Tel. 42 34 91, moderat.
Nächtigen in fürstlichem Ambiente – hier residierte einst der Raja von Badung. Im Empfangspavillon gegenüber dem Eingang sind Memorabilien der Königsfamilie ausgestellt, darunter alte Waffen, Lontar-Manuskripte und die In-

Schwarzweiß gegürtet: am Pura Jagatnatha

Denpasar *Orte von A bis Z*

strumente eines Gamelan-Orchesters.

🍴 Preiswerte und gute indonesische wie auch chinesische Küche findet man auf dem **Nachtmarkt (Pasar Malam)** in der Jl. Gajah Mada.
Atoom Baru: Jl. Gajah Mada 106–108, Tel. 43 47 72, günstig.
Gut besuchtes Lokal in zentraler Lage mit indonesisch-chinesischer Speisekarte. Spezialisiert auf Fisch und Meeresfrüchte.
Kak Man: Jl. Teuku Umar 135, Tel. 22 71 88, moderat.
Hier wird noch nahezu authentische balinesische Küche geboten.
Rasa Sayang: Jl. Teuku Umar 175, Tel. 26 20 06, moderat.
Dieses an der südlichen Peripherie der Stadt gelegene Restaurant bietet eine breite Palette an chinesischen Gerichten sowie ausgezeichnetes Seafood zu vernünftigen Preisen.

🛍 Zahlreiche **Antiquitäten- und Kunstgewerbeläden** finden sich in der Jl. Gajah Mada und der Jl. Veteran, den beiden Hauptgeschäftsstraßen von Denpasar, etwa **Mega Art Shop** (Jl. Gajah Mada 36, Tel. 22 45 92) und **Toko Pelangi** (Jl. Gajah Mada 54, Tel. 22 45 70). **Goldläden** (Toko Mas) konzentrieren sich in der Jl. Hasanuddin, z. B. **Kenanga Gold Shop** (Jl. Hasanuddin 43 A, Tel. 22 57 25) und **Melati** (Jl. Hasanuddin 41F, Tel. 23 78 54). Ein breites Spektrum an qualitativ hochwertigen kunsthandwerklichen Souvenirs bietet **Sanggraha Kriya Asta** in Tohpati (Tel. 46 19 42), 4 km östlich an der Hauptstraße in Richtung Ubud/Gianyar.

🎭 Tgl. außer So zwischen 9.30 und 10.30 Uhr wird im **Werdhi Budaya Art Center** (s. S. 42) ein **Barong-Tanz** vorgeführt. Einmal im Jahr, meist von Mitte

Der ganze Stolz ihrer Besitzer – Hähne für den Wettkampf: hier vor einem kleinen Laden in Denpasar

Orte von A bis Z **Gianyar**

Juni bis Mitte Juli, steht das Kulturzentrum im Mittelpunkt des **»Bali Art Festival«** mit Musik-, Tanz- und Theateraufführungen sowie Kunstausstellungen. Gleich hinter dem Art Center bietet die **Tanzakademie STSI** (Sekolah Tinggi Seni Indonesia, Mo–Fr 9–13 Uhr, Tel. 22 73 16) wochentags Besuchern die Möglichkeit, Nachwuchskünstlern bei den Proben zuzuschauen und sich selbst ein Bild von den heute noch sehr lebendigen Traditionen in Tanz, Musik und Drama auf Bali zu machen.

Busse: Innerhalb der Stadtgrenzen verkehren auf festgelegten Routen zu Einheitspreisen **Bemos** (Minibusse). Es gibt fünf größere Bus- und Bemoterminals für den Fernverkehr.

Terminal Tegal (Jl. Imam Bonjol, ca. 2 km südlich des Zentrums Richtung Kuta): Bemos nach Kuta, Legian und zum Flughafen sowie nach Nusa Dua, Benoa und anderen Orten auf der Halbinsel Bukit Badung, sporadisch auch zum Tempel Pura Luhur Ulu Watu.

Terminal Ubung (Jl. Cokroaminoto, ca. 3 km nördlich): Busse und Bemos nach Nord- und West-Bali, z. B. Bedugul, Singaraja, Mengwi, Kediri, Tanah Lot, Tabanan, Negara, Gilimanuk. Von hier auch Fernbusse nach Java.

Terminal Kereneng (Jl. Kamboa): Bemos zum Terminal Batubulan und nach Sanur.

Terminal Batubulan (ca. 8 km nordöstlich des Zentrums Richtung Ubud): Busse und Bemos nach Ost- und Zentral-Bali, z. B. Bedulu, Gianyar, Ubud, Tampaksiring, Bangli, Kintamani, Klungkung, Kusamba, Padang Bai, Candi Dasa, Amlapura.

Terminal Suci (Jl. Hasanuddin): Bemos nach Benoa (Hafen) und Suwung (kleiner Hafen, von hier kann man zur ›Schildkröteninsel‹ Serangan übersetzen).

Flüge: Vom 13 km südlich gelegenen **Ngurah Rai Airport** tgl. mit Garuda, Merpati oder Bouraq u. a. nach Jakarta, Yogyakarta und Surabaya (Java), nach Ujung Pandang und Manado (Sulawesi) sowie zu verschiedenen Städten der Provinz Nusa Tenggara (u. a. Mataram auf Lombok, Bima auf Sumbawa, Labuhan Bajo und Maumere auf Flores, Waingapu auf Sumba und Kupang auf Timor).

Fluglinien: Garuda, Jl. Melati 61, Tel. 22 78 25;
Merpati, Jl. Melati 57, Tel. 23 53 58;
Bouraq, Jl. Jend. Sudirman Block A 47/48, Tel. 24 13 97.

Schiff: Tgl. 8 und 14.30 Uhr (in der Hochsaison zusätzliche Abfahrten) verlässt die Mabua Express, ein komfortabler Katamaran, den ca. 10 km südlich gelegenen Hafen **Benoa** in Richtung Lombok (Fahrzeit ca. 2,5 Std.), Tel. 72 12 12.

Gianyar

Lage: J 5
Vorwahl: 03 61
Einwohner: ca. 30 000

Der einstige Sitz eines im 18. Jh. mächtigen Fürstentums ist heute zwar immer noch ein bedeutendes Handelszentrum und ein geschäftiger Verkehrsknotenpunkt, touristisch aber uninteressant. Da der Puri Agung Gianyar, der hiesige Königspalast, der Öffentlichkeit nicht zugänglich ist, lohnt sich ein Stopp nur, wenn man beabsichtigt, sich mit Batikprodukten oder anderen Textilien einzudecken.

Klungkung

Orte von A bis Z

🔶 **Sua Bali:** Desa Kemenuh, Gianyar, Tel. 0361/94 10 50, Fax 94 10 35; deutsche Ansprechpartnerin: Dörte Schulze, Tel./ Fax 030/391 69 45, www.suabali.indosat.co.id, moderat.

»Bali verstehen«, so etwa lautet die wörtliche Übersetzung von »Sua Bali«. Für Ida Ayu Agung Mas, die Besitzerin einer stilvollen Anlage mit 5 Bungalows an der Peripherie des Dorfes Kemenuh westlich von Gianyar, ist dieses Motto Programm. Mit Sua Bali möchte Frau Mas, die in Deutschland studierte und fließend Deutsch spricht, eine Form des Tourismus schaffen, die Bali ›ertragen‹ kann und die zugleich den Touristen eine Chance gibt, die Balinesen und ihre Kultur zu verstehen. Angeboten werden u. a. Sprach- und Kochkurse sowie gemeinsame Tempel- und Marktbesuche. Bei Gesprächen mit Frau Mas oder ihren Mitarbeitern lassen sich die Eindrücke vertiefen.

🔶 **Pura Dalem Sidan:** Dieser 3 km nordöstlich von Gianyar, unmittelbar an der Hauptstraße nach Bangli gelegene, den Mächten der dämonischen Sphäre geweihte Tempel ist mit seinem reichen Skulpturenschmuck einer der eindrucksvollsten Unterwelttempel Balis. Als Hauptmotiv dominieren Furcht einflößende Rangda-Hexen mit gewaltigen Hängebrüsten und heraushängenden Zungen. Bemerkenswert sind das reich ornamentierte gedeckte Tor in Flammenform sowie die plastischen Darstellungen am Trommelturm, die das Schicksal armer Sünder in der unteren Welt zeigen.

🔶 **Busse** und **Bemos** nach Gianyar ab Terminal Batubulan (8 km nordöstl. von Denpasar).

Jatiluih

Lage: G 4
Extra-Tour 1: s. S. 85

Klungkung/ Semarapura

Lage: J 5
Vorwahl: 03 66
Einwohner: ca. 20 000

Als einstiger Sitz des Dewa Agung (›Erhabener Gott‹), des ranghöchsten der balinesischen Rajas, nahm Klungkung (heute auch Semarapura) jahrhundertelang eine besondere Stellung ein. Nach seiner Vertreibung aus Java gründete der letzte Königssohn der Majapahit-Dynastie Ende des 15. Jh. in Gelgel (ca. 4 km südlich von Klungkung) das älteste balinesische Fürstenhaus, aus dem später

Orte von A bis Z # Klungkung

Heiligstes der Heiligtümer: der ›Muttertempel‹ Pura Besakih

die Klungkung-Dynastie hervorging. Von der früheren Metropole ist heute nicht mehr viel erhalten. Der fürstliche Palast von Klungkung und andere bedeutende Bauwerke wurden 1908 von den Niederländern bei einer Strafexpedition zerstört. Um der holländischen Kolonisation zu entgehen, zog damals der Raja von Klungkung mit seinem gesamten Hofstaat in den Puputan, die rituelle Selbstvernichtungsschlacht.

Taman Gili mit Kerta Gosa und Bale Kembang: Einziges Relikt vergangener Tage ist der in der Ortsmitte gelegene Taman Gili (›Park mit Inselchen‹), wo sich zwei bedeutende Bauwerke erheben: Die im 18. Jh. erbaute Gerichtshalle Kerta Gosa und der in einem künstlichen Lotosteich gelegene Bale Kembang, der königliche ›schwimmende Pavillon‹.

Beide Gebäude sind mit Deckenmalereien im zweidimensionalen Wayang-Stil ausgeschmückt. Besonders beeindruckend sind die Fresken im Justizpavillon, die alle Freuden des Paradieses und alle Schrecken der Hölle schildern. Auf ihnen werden Dieben die Hände abgehackt oder Ehebrechern mit Fackeln die Genitalien verstümmelt.

Pura Besakih: Etwa 20 km nördlich von Klungkung liegt an den südwestlichen Ausläufern des heiligen Gunung Agung Pura Besakih, als ›Muttertempel‹ das Zentrum des religiösen Lebens auf Bali. Die Ursprünge dieses rund 950 m über dem Meeresspiegel gelegenen, in mehreren Terrassen am Hang aufsteigenden Heiligtums reichen ins frühe 11. Jh. zurück. Der ausgedehnte Tempelkomplex besteht

Klungkung

Orte von A bis Z

Odalan im ›Muttertempel‹

Ganz besonders farbenprächtig ist das Odalan-Tempelfest, also der Jahrestag der Tempelweihe, hier im Pura Besakih. Tausende von Gläubigen aus ganz Bali pilgern dann zum ›Muttertempel‹. In endlosen Prozessionen balancieren festlich gekleidete Frauen oftmals riesige bis zu 20 kg schwere Opfertürme auf ihrem Haupt zum Tempel. Dort warten schon die aus ihren himmlischen Gefilden herabgestiegenen Götter und vergöttlichten Ahnen, denen zu Ehren ein Festmahl bereitet wird.

aus drei Haupttheiligtümern und zahlreichen Nebentempeln, insgesamt rund 200 Bauwerken. Etwa 60 Einzelbauwerke besitzt alleine der **Pura Panataran Agung Besakih**, der wichtigste Tempel der Sakralanlage. Er ist dem Einen Allmächtigen Gott, Sanghyang Widhi Wasa, in seiner Erscheinungsform als Shiva geweiht. Flankiert wird dieser Tempel von dem Brahma-Heiligtum **Pura Kiduling Kreteg** und dem **Pura Batu Madeg**, in dem die Gläubigen Vishnu verehren. Im Gegensatz zu anderen balinesischen Tempelanlagen, die von ihrem üppigen Skulpturenschmuck geradezu erdrückt werden, präsentiert sich der Tempelkomplex von Besakih in einer bemerkenswert schlichten und nüchternen Architektur. Für dieses ›Manko‹ entschädigt die spektakuläre Lage reichlich. Es empfiehlt sich ein frühzeitiger Aufbruch, denn bereits im Verlauf des Vormittags verschleiern häufig dichte Wolken den Gipfel des Gunung Agung.

Kamasan: Ein weiterer Ausflug führt zum südlich an Klungkung angrenzenden Malerdorf Kamasan, wo heute noch der im 17. Jh. entstandene Wayang-Stil praktiziert wird. Die Bezeichnung für diese klassische Malweise rührt von der Ähnlichkeit der zweidimensionalen Menschendarstellungen auf den Gemälden mit den Figuren des indonesischen Schattenspiels Wayang Kulit her. In Kamasan sind auch zahlreiche Gold- und Silberschmiede ansässig, die in erster Linie traditionellen balinesischen Schmuck fertigen.

Da es in Klungkung keine gemütlichen Unterkünfte gibt, empfiehlt es sich, sein Standquartier im nahen Candi Dasa (s. S. 37) aufzuschlagen und die Stadt als Ausflugsziel einzuplanen.

Es gibt nur einfache Warungs – alle Mal in Ordnung für eine Zwischenmahlzeit, aber den großen Hunger sollte man sich fürs Abendessen in einem Restaurant in Candi Dasa aufheben.

Busse und **Bemos** nach Klungkung ab Terminal Batubulan (8 km nordöstlich vor Denpasar). Pura Besakih erreicht man mit öffentlichen Verkehrsmitteln nur an Festtagen.

Orte von A bis Z

Kuta/Legian

Kuta/Legian

Lage: G 7
Vorwahl: 03 61

Schon seit Generationen locken die herrlichen Sandstrände um die Zwillingsorte Kuta und Legian ausländische Besucher an. Heute sind die beiden ehemaligen Fischerdörfer, in prätouristischen Zeiten arm und beschaulich, zur größten ›Ferienfabrik‹ Balis verschmolzen. Als eine Art indonesisches Benidorm empfangen Kuta und Legian die sonnenhungrigen Touristen mit westlicher Geschäftigkeit, aber wenig asiatischem Flair. In den beiden Ferienmetropolen ist Balis Welt des Teilens und Teilhabens schon längst zum ›Cash-and-Carry‹ verkommen. Hier gibt es ›Auf-Geld-komm-raus‹-Boutiquen und Musikshops, Bistros und Restaurants, Batik- und Kunsthandwerksläden, Wechselstuben und Fotogeschäfte, Auto- und Motorradverleihe. Balinesische Gamelan-Orchester kämpfen hier verzweifelt, aber vergeblich gegen lautsprecherverstärkten Hardrock an. Diskotheken und Bars sorgen bis in die frühen Morgenstunden für Ohren betäubende Unterhaltung, denn eine Polizeistunde kennt man nicht. Auch an viel gerühmten Kuta Beach – besonders spektakulär wirkt er bei den berühmten Sonnenuntergängen von Kuta, zumeist feurigen Dramen, bei denen Farbtöne in allen Rotnuancen ineinander fließen und den Himmel verzaubern –, an den der Indische Ozean mit oft meterhohen Wellen brandet, ist es aus und vorbei mit der Ruhe. Schuld daran ist der nie verebbende Strom von fliegenden Händlern und Massagefrauen. Insbesondere an Wochenenden schnappschießen hier

Kuta/Legian
Orte von A bis Z

Touristen aus Java mit langen Teleobjektiven europäische und australische Barbusige, die sich – Ozonloch hin, Hautkrebs her – in der Äquatorsonne rekeln, obwohl topless eigentlich gegen die Moralvorstellungen der Einheimischen verstößt. Kuta und Legian bieten mit ihrer gemischten touristischen Infrastruktur Erholungs- und Vergnügungsmöglichkeiten für jeden Geldbeutel. Und wer eine der unzähligen kleinen Unterkünfte an der Peripherie wählt, kann auch dem Touristenrummel weitgehend entfliehen.

Der halbmondförmige, weit geschwungene **Kuta Beach** gehört immer noch zu den schönsten Küstenstreifen des gesamten indonesischen Archipels. Im Bereich **Kuta** und **Legian** ist der kilometerlange Sandstrand vor allem während der Hochsaison recht überlaufen. Weniger frequentierte Strandabschnitte findet man nördlich von Legian in **Seminyak.** Ruhig und sauber ist auch der etwa 2 km lange Sandstrand an der **Bucht von Jimbaran** südlich des Ngurah Rai-Flughafens. An allen Strandabschnitten ist jedoch äußerste Vorsicht geboten, denn die Badefreuden werden zeitweilig von sehr gefährlichen Unterströmungen beeinträchtigt. Man sollte beim Hinausschwimmen darauf achten, stets noch festen Grund unter den Füßen zu haben. Am sichersten ist Schwimmen im mit Flaggen markierten Bereich und in Sichtweite der Rettungsdienste.

Surfen: Am Strand von Kuta/Legian finden sich diverse Stände, die Surfboards verleihen. In der Umgebung des Pura

Schlemmen am Jimbaran Beach

In über einem Dutzend Open-Air-Restaurants garen hier die Köche auf ihren Kokosnussschalengrills frischen Fisch und Meeresfrüchte, die man nach Augenschein bestellt. Dazu Reis, Gemüse und verschiedene Gewürzmischungen – lecker und preisgünstig! Eines der beliebtesten Lokale ist das Warung Roma.

Orte von A bis Z **Kuta/Legian**

Der legendäre Sonnenuntergang am Kuta Beach

Luhur Ulu Watu (s. u.) hat das Meer einige imposante Auftritte, beispielsweise am **Brandungsstrand von Suluban**, der wegen seiner meterhohen Wellen als ein Dorado für unerschrockene Surfer gilt.
Tauchen: Tauchkurse und -exkursionen bietet **Tauchterminal Bali**, Jl. Basangkasa 111, Tel. 73 02 00, Fax 73 03 85. Die Firma verleiht auch Tauchausrüstungen.

Nur durch eine schmale Landbrücke mit Bali verbunden, schließt sich südlich von Kuta die karge Halbinsel **Bukit Badung** an. Mit ihrer steppenartigen Vegetation bildet dieses bis zu 200 m hohe Kalkplateau einen krassen Kontrast zum lieblichen Reisfeld-Bali. An der Südwestspitze der Halbinsel, wo die schneeweiße Gischt des Ozeans mit gewaltigem Getöse die bis zu 100 m senkrecht abfallenden Klippen leckt, schützt in imposanter Lage das aus weißem Korallengestein erbaute Felsenheiligtum **Pura Luhur Ulu Watu** Bali vor den im Meer heimischen Mächten des Bösen. Besucher sollten sich vor den Affen in Acht nehmen, die den Tempel bevölkern. Besonders reizvoll ist die Stimmung bei Sonnenuntergang, wenn sich der Dewi Danu, der der Göttin der Seen und Flüsse geweihte Tempel, als Silhouette gegen den blutroten Himmel abhebt. Auch der **Pura Tanah Lot** (Extra-Tour 1, s. S. 85) ist von Kuta aus gut zu erreichen.

Kuta/Legian

Orte von A bis Z

 Bali Government Tourist Information Centre:
Jl. Benasari 7, Kuta, Tel. 75 40 90, tgl. 8–20 Uhr.
Kuta Tourist Information Centre: Jl. Legian 37, Kuta, Tel. 75 54 24, tgl. 9–19 Uhr.

 ... in Kuta
Komala Indah 2: Jl. Benasari, Tel. 75 42 58, günstig.
Dieses Homestay erinnert an die touristischen Pioniertage Kutas. Die spartanisch eingerichteten, aber sauberen kleinen Bungalows des Familienbetriebs liegen, etwas abseits vom Getriebe des lebhaften Ortes, inmitten eines tropischen Gartens. Geweckt werden die Gäste vom Gezwitscher exotischer Vögel. Zum Strand sind es nur knapp 5 Minuten.
Pendawa Inn: Jl. Kartika Plaza, Tel. 75 23 87, Fax 75 77 77, günstig bis moderat.
Ruhig in einem üppigen Tropengarten gelegene Unterkunft mit solide ausgestatteten Zimmern und Bungalows. Wer etwas mehr Komfort wünscht, sollte auf den neuen, klimatisierten Räumen bestehen. Etwas abseits vom Strand gelegen, aber schöner Swimmingpool vorhanden. Made, der Besitzer, vermietet preisgünstig Suzuki-Jeeps und einen Toyota Kijang.
Mastapa Garden Hotel:
Jl. Legian 139, Tel. 75 16 60, Fax 75 50 98, www.indo.com/hotels/mastapa, moderat.
Abseits vom Strand, aber dafür mitten im Bermuda-Dreieck des Nachtlebens. Die klimatisierten Zimmer sind gemütlich im balinesischen Stil eingerichtet. Zur Abkühlung ein Pool vorhanden.
Bali Rani Resort:
Jl. Kartika Plaza, Tel. 75 13 69, Fax 75 26 73, www.indo.com/hotels/bali_rani, teuer.
Dieses freundliche Ferienhotel mit großzügig ausgestatteten, klimatisierten Zimmern sowie vorzüglichem Restaurant und Swimmingpool liegt an der südlichen Peripherie von Kuta, etwa sieben Gehminuten vom Strand entfernt.
Poppies Cottages I: Poppies Lane I, Tel. 75 10 59, Fax 75 23 64, www.poppies.net, teuer.
Die geschmackvoll eingerichteten, klimatisierten Bungalows dieses ruhig gelegenen Hotels gruppieren sich um einen herrlichen Pool. Zum Kuta Beach sind es 300 m.
Santika Beach Hotel: Jl. Kartika Plaza, Kuta-Tuban, Tel. 75 12 67, Fax 75 12 60, www.indo.com/hotels/santika, teuer.
Dieses am südlichen Ende des Kuta Beach gelegene, sehr komfortable Strandhotel verbindet traditionellen balinesischen Stil mit moderner Eleganz. Clou der klimatisierten Bungalows ist ein Freiluft-Mandi, ein typisches indonesisches Badezimmer. Ein großer Pool ist ebenso vorhanden wie ein Restaurant mit Meeresblick.

... in Legian
Three Brothers Bungalows:
Jl. Legian Tengah, Tel. 75 15 66, Fax 75 60 82, günstig.
Diese landestypische Bungalowanlage (Klimaanlage oder Ventilator) mit Restaurant, Pool und schönem Garten liegt mitten im Ort, 5 Min. vom Strand entfernt.
Sari Beach Inn: Jl. Padma Utara, Tel. 75 65 57, Fax 75 16 35, moderat.
Unmittelbar am Strand gelegenes, von einem üppigen Tropengarten umgebenes Hotel mit Restaurant und Pool. Die Zimmer sind stilvoll in Bambus möbliert und klimatisiert.

... in Seminyak
Puri Tantra Beach Bungalows:
Jl. Padma Utara, Legian-Seminyak, Tel./Fax 75 31 95, moderat.

Orte von A bis Z **Kuta/Legian**

Mitten im indonesischen ›Benidorm‹: Opfergaben auf dem Bürgersteig

Diese kleine, aber feine Gartenanlage mit familiärer Atmosphäre ist ruhig gelegen und besitzt einen direkten Zugang zum Strand.
Ramah Village: Gang Keraton, Seminyak, Tel. 73 10 71, Fax 73 07 93, www.balirama.com, Buchung in Deutschland: G. P. Reichelt, Tel. 040/22 10 48, Fax 040/22 17 25, moderat.
In üppigem Tropengrün verstecken sich 16 geräumige, großzügig mit Bambusmöbeln ausgestattete Bungalows im inseltypischen Stil. Zum Abkühlen ist ein kleiner Pool vorhanden. Zum Strand sind es 5 Min. zu Fuß, zu den ›Szene-Treffs‹ an der Jl. Seminyak etwa ebenso weit.
Bali Oberoi: Jl. Kayu Aya, Tel. 73 07 91, Fax 73 03 61, obrblres@indosat.net.id, Luxus.
Dieses traumhafte Bungalowhotel im balinesischen Stil liegt an einem ruhigen Strandabschnitt nördlich von Legian. Großzügige Cottages und luxuriöse Privatvillen mit eigenem Pool gehören ebenso zu den Selbstverständlichkeiten dieser Nobelherberge wie mehrere Gourmet-Restaurants.

... in Canggu
Legong Keraton Beach Cottages: Pantai Berawa, Tel. 73 02 80, Fax 73 02 85, moderat bis teuer.
Geräumige, stilvoll in Bambus möblierte Zimmer in doppelstöckigen Gästehäusern sowie frei stehende Bungalows im inseltypischen Stil mit Klimaanlage direkt an einem ruhigen Strandabschnitt, weit weg von Kuta. Mit Terrassen-Restaurant und Pool.

... in Jimbaran
Four Seasons Resort: Jimbaran Beach, Tel. 70 10 10, Fax 70 10 20, www.fourseasons.com/locations/Bali2, Luxus
Ungewöhnlich, edel, originell, exklusiv. An einem mit tropischen Pflanzen bewachsenen Hang über der Jimbaran Bay versteckt sich ein ›balinesisches Dorf‹ aus 28 Luxusvillen, die jeweils von einem 200 m^2 großen Garten mit Privatpool umgeben werden. Hohe Decken, klare Linien und ein puristisches Interieur schaffen Raum für Ruhe und Entspannung. Mit exotischer Poollandschaft, Spa im Haupthaus und drei Gourmet-Restaurants.

Kuta/Legian   *Orte von A bis Z*

Rayunan: Jl. Raya Tuban 100 A, Kuta, Tel. 75 20 11, günstig bis moderat.
Die Einrichtung ist schlicht. Die hier in einer offenen Küche zubereiteten echt balinesischen Gerichte sind aber vom Feinsten.

Aromas of Bali: Jl. Legian, Kuta, Tel. 75 10 03, moderat.
Dieses Szene-Lokal bietet seinen Gästen vegetarische Küche, bereichert durch einen Hauch Nouvelle Cuisine.

Made's Warung: Jl. Pantai Kuta, Kuta, Tel. 75 19 23, moderat.
In diesem alteingesessenen Lokal mit bunt gemischter Speisekarte gibt sich ›toute Kuta‹ ein Stelldichein. Der Service ist ebenso flott wie freundlich.

Hana Restaurant: Jl. Seminyak, Seminyak, Tel. 75 28 93, moderat bis teuer.
Japanische Haute Cuisine, die ein kulinarisches und optisches Erlebnis in elegantem Ambiente bietet.

Bali Seafood: Jl. Kartika Plaza, Kuta-Tuban, Tel. 75 39 02, teuer.
Weitläufiger Restaurant-Palast der vornehmeren Art, der stets eine gute Auswahl fangfrischer Meeresfische und -früchte bereithält.

La Indonesia: Jl. Raya Ulu Watu 108, Jimbaran, Tel. 70 17 63, teuer.
Preisgekröntes Gourmetlokal mit indonesischen Spezialitäten von Sumatra bis Sulawesi.

Poppies: Poppies Lane I, Kuta, Tel. 75 10 59, teuer.
Dieses stilvolle und dafür dann auch etwas teurere Gartenrestaurant, das neben hervorragendem Seafood eine verfeinerte balinesisch-chinesische Küche bietet, ist schon eine Institution in Kuta – und deshalb oft überfüllt. Rechtzeitig reservieren!

Un's Restaurant: Jl. Pantai /Poppies Lane 1, Kuta, Tel. 75 26 07, moderat.
Hier wird man verwöhnt mit indonesischen Spezialitäten und europäischer ›Fine Cuisine‹. Diskrete Unterhaltung durch Batak-Musiker. Unter Schweizer Leitung.

Nicht nur Kunsthandwerk findet Käufer: Souvenirs, Souvenirs ...

Orte von A bis Z — **Kuta/Legian**

Überall in Kuta und Legian finden sich Andenken-, Antiquitäten- und Kunstgewerbeladen sowie Boutiquen und Textilgeschäfte. Eine große Auswahl an modischer Strand- und Freizeitbekleidung bietet der **Kuta Art Market** am westlichen Ende der Jl. Bakungsari. Neben Textilien kann man in Kuta und Legian vor allem Lederwaren, Silberschmuck und Musikkassetten günstig erstehen. Vorsicht ist beim Kauf von Antiquitäten angebracht, denn nicht alles ist auch tatsächlich so alt, wie es auf den ersten Blick aussieht.

Ausgewählte Adressen

Batik Danar Hadi: Jl. Legian, Kuta, Tel. 75 43 68.
Große Auswahl an Batikstoffen und -textilien mit etwas konservativem Design, z. B. Tücher, Tischdecken, Hemden, Blusen.

Galeri Ikat: Jl. Legian 200, Kuta, Tel. 75 56 92.
Im komplizierten Ikat-Handwebverfahren hergestellte, hochwertige Stoffe.

Kulkul – Castle of Music: Jl. Bakungsari, Kuta, Tel. 75 15 23.
Musikkassetten und CDs von Gamelan- bis Techno-Musik.

Kuta Kiz: Jl. Legian/Jl. Pantai Kuta, Kuta, Tel. 75 39 92.
Fantasievolle Klamotten für die Kleinen sowie Spielsachen.

Maya: Jl. Legian/Jl. Pantai, Kuta.
Extravaganter Silberschmuck, originelle Accessoires und ausgefallene Holzmasken.

Milo's: Kuta Square, Block E 1, Kuta, Tel. 75 40 81.
Pfiffige Designerfreizeitbekleidung ›made in Bali‹. Allein wegen der Klimaanlage lohnt ein Besuch.

Omega: Jl. Legian 204, Kuta, Tel. 75 65 14.
Kunst und Kunsthandwerk aus ganz Indonesien.

Rascals: Kuta Square, Block D 6, Kuta, Tel. 75 13 46.
Ausgefallene Schwimm- und Strandbekleidung für Sie und Ihn, hergestellt im Batikverfahren.

Roberto Pasquale:
Jl. Bakungsari 16, Tel. 75 52 76.
Maßanfertigung von z. T. etwas flippiger Lederbekleidung.

Nachtschwärmer zieht es in die kilometerlange **Jl. Legian**, welche die beiden Ferienorte Kuta und Legian miteinander verbindet. Unübersehbar ist hier der – abgesehen von der Parabolanlage auf dem Dach – originalgetreue Nachbau der berühmten **Bounty** (Tel. 75 30 30), in deren Innerem sich ein Restaurant mit Livemusik sowie mehrere Bars befinden. Vorwiegend junges Publikum lockt mit neuestem Equipment, Hardrock-Beschallung und Videoprojektionen auf eine riesige Leinwand die **Mammut-Disko Peanuts** (Tel. 75 41 49) an. Täglich Livemusik gibt es im **Hard Rock Café** (Tel. 75 56 61) sowie im **Hard Rock Hotel** (Tel. 76 18 69) mit mehreren Bars und Bühnen, beide in der Jl. Pantai Kuta. So genannte ›Szene-Treffs‹ haben sich etwas weiter nördlich im **Schickeria-Ort Seminyak** entwickelt, so z. B. das **Café Luna** (Tel. 73 08 05), das **Goa 2001** (Tel. 73 11 78), das **Kafe Warisan** (Tel. 73 11 75) und das **Café del Mar** (Tel. 73 42 98). In Seminyak finden sich auch das **Chez Gado Gado** (Tel. 73 09 55), eine fast schon legendäre Open-Air-Disko, und das **Double Six** (Tel. 73 12 66), in dem täglich bis in die frühen Morgenstunden die Post abgeht. Auf dem Areal des Double Six stürzen sich Wagemutige vom 40 m hohen Bungee-Turm an einem Gummiseil in die Tiefe.

Lovina Beach

Orte von A bis Z

Busse: Verschiedene Agenturen in den Hauptstraßen von Kuta und Legian bieten einen **Shuttle-Busservice** zwischen Kuta/Legian und Ubud, Kuta/Legian und Lovina Beach sowie zwischen Kuta/Legian und Candi Dasa (z. B. Perama Tourist Service, Jl. Legian 39, Tel. 75 15 51).
Bemos nach Denpasar (Terminal Tegal) warten an der Kreuzung Jl. Pantai Kuta/Jl. Legian.
Flüge: Garuda-Büro im Kuta Beach Hotel, Jl. Pantai Kuta, Kuta, Tel. 75 11 79.

Lovina Beach

Lage: F 2
Vorwahl: 03 62

Lovina Beach liegt im Windschatten des Massentourismus auf Bali. Hierhin zieht es vor allem Urlauber, die ein paar ruhige Strandtage einlegen wollen.

Der kilometerlange, grausandige Lovina Beach verdient zwar nicht das Prädikat ›Südsee-Traumstrand‹, eignet sich aber, da er flach abfällt und keine Brandung hat, besonders für einen Familienurlaub – Kinder können hier recht gefahrlos ins Wasser. Allerdings sind manche Strandabschnitte hin und wieder etwas verschmutzt.

Schnorchel- und Tauchgelegenheit beim vorgelagerten Korallenriff. Von Lovina Beach aus werden speziell für Taucher und Schnorchler Ausflüge nach Menjangan im Nationalpark Bali Barat organisiert.
Malibu Dive Centre: Kalibukbuk, Tel./Fax 412 25.
Tauchkurse für Anfänger sowie Tauchexkursionen für Fortgeschrittene, u. a. zur Insel Menjangan und in die Gewässer vor Tulamben auf Ost-Bali.

Ausflüge führen zum kleinen **Sing Sing-Wasserfall** beim Dorf Labuhan Aji (ca. 4 km südwestlich), zum buddhistischen **Kloster Brahma Vihara-Arama** (ca. 15 km südwestlich), von wo sich ein herrlicher Panoramablick bietet, sowie zu den heißen Quellen **Air Panas Komala Tirta**, die in der Nähe dieses Klosters sprudeln. **Bootstouren** mit der Möglichkeit, Delphine zu beobachten (**Khi Khi's Dolphin Tours**, Kalibukbuk, Tel. 415 48, tgl. in den frühen Morgenstunden), bieten weitere Abwechslung. Ebenfalls von Lovina Beach aus lassen sich Ausflüge zum **Buyan- und Tamblingan- See**, zum **Gitgit-Wasser-**

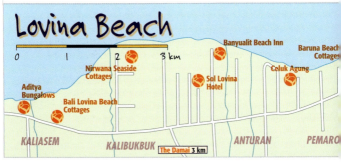

Orte von A bis Z **Lovina Beach**

Knietief im Wasser: Bauern drücken Reissetzlinge in den Schlamm

fall (s. S. 72) oder zum **Bratan-See** (s. S. 35) machen. Auch **Sangsit** mit dem Pura Beji ist nur 18 km entfernt (s. S. 71).

Nirwana Seaside Cottages: Kalibukbuk, Tel. 412 88, Fax 410 90, günstig. Die ein- und zweistöckigen, einfach, aber charmant im inseltypischen Stil gestalteten Bungalows (mit Klimaanlage oder Ventilator) dieser Ferienanlage mit Pool liegen in einem weitläufigen, üppig grünen Strandareal. Im Restaurant serviert man dem westlichen Geschmack angepasste chinesische und indonesische Gerichte.

Hotel Celuk Agung: Anturan, Tel. 410 39, Fax 413 79, www.indo.com/hotels/celukagung, günstig bis moderat.
Weitläufiges Hotel zwischen Reisfeldern mit Zimmern und freistehenden Bungalows sowie schönem Pool und gutem Restaurant. Etwa fünf Gehminuten vom Strand.

Aditya Bungalows: Kaliasem, Tel. 410 59, Fax 413 42, moderat.
Inseltypische Bungalowanlage mit gemütlichen, klimatisierten Strandhäusern, Swimmingpool und tropischem Ambiente. Im Restaurant mit Meerblick kann man Seafood in fantasievollen Variationen sowie chinesische Gerichte genießen.

Bali Lovina Beach Cottages: Kalibukbuk, Tel. 412 85, Fax 414 78, www.bali-islandhotels.net/northbali, moderat.
Komfortables, aber für das Gebotene nicht zu teures Bungalowhotel im balinesischen Stil direkt am Strand. Alle Bungalows sind großzügig ausgestattet und klimatisiert. Im Open-Air-Restaurant kommen indonesische und europäische Speisen auf den Tisch. Zum Freizeitangebot gehören ein Swimmingpool und abwechslungsreiche Wassersportmöglichkeiten.

Banyualit Beach Inn: Kalibukbuk, Tel. 417 89, Fax 415 63, www.bali-islandhotels.net/northbali, moderat.
Hier stimmt fast alles – komfortable klimatisierte Einzelbungalows oder Zimmer, eine schöne Gartenanlage mit Swimmingpool, der direkte Zugang zum Strand und ein stimmungsvolles Restaurant mit abwechslungsreicher Speisekarte.

Mengwi

Orte von A bis Z

Baruna Beach Cottages: Pemaron, Tel. 417 45, Fax 412 52, www.bali-islandhotels.net/northbali, moderat.
In einem der geräumigen, gediegen ausgestatteten, klimatisierten Bungalows dieser tropisch eleganten Anlage soll sich schon Mick Jagger wohlgefühlt haben. Sehr gutes Preis-Leistungs-Verhältnis.
Sol Lovina: Kalibukbuk, Tel. 417 75, Fax 416 59, www.solmelia.com, teuer.
Dieses sehr komfortable Strandhotel für Urlauber mit mondänen Neigungen ist eine Oase der Ruhe. Es bietet einen vorzüglichen Service, ein erstklassiges Restaurant und einen bezaubernden Pool.
The Damai: Jl. Damai, Kayuputih, Tel. 410 08, www.bali-islandhotels.net/northbali, Buchung in Europa: Tel. 00 45/33/14 80 34, Luxus.
Das außergewöhnlichste Hotel an der Nordküste: Acht bestens ausgestattete Luxusbungalows in den Hügeln hoch über dem Lovina Beach, ein wunderschöner Pool und ein Gourmet-Restaurant, das höchsten Ansprüchen genügt. Unbedingt frühzeitig reservieren!

Malibu: Kalibukbuk, Tel. 416 71, günstig.
Beliebtes Traveller-Restaurant mit internationaler Speisekarte.
Warung Made: Kalibukbuk, Tel. 412 39, günstig.
Gemütliches Restaurant an der Hauptstraße mit europäischer und indonesisch-balinesischer Speisekarte. Sa ab 19 Uhr spielt ein Bambus-Gamelan.
Warung Seabreeze: Kalibukbuk, Tel. 411 38, günstig.
Halb offenes Restaurant direkt am Strand mit interessantem Mix aus west-östlicher Küche. Abends gelegentlich Tanz- und Gamelanvorführungen.

Flower Garden Café: Kalibukbuk, Tel. 412 38, moderat.
In dem stilvollen Gartenrestaurant werden außer leckeren Gerichten jeden Abend ab 20 Uhr balinesische Tanzvorführungen geboten.
Lian: Kalibukbuk, Tel.414 80, moderat.
Im stimmungsvollen Ambiente vorzügliche chinesische Gerichte und fangfrisches Seafood.

Verschiedene Agenturen, z. B. Perama Tourist Service (Tel. 411 61), bieten einen **Shuttle-Bus**, der zwischen Lovina Beach und Kuta/Legian, Lovina Beach und Ubud sowie Lovina Beach und dem Flughafen Ngurah Rai pendelt. **Bemos** fahren bis abends von Lovina Beach nach Singaraja (und zurück).

Mas

Lage: H 5
Extra-Tour 2: s. S. 87

Mengwi

Lage: G 5

Mengwi, einst Hauptstadt eines Königreichs der Gelgel-Dynastie besitzt den vielleicht schönsten Tempel Balis.

Der **Pura Taman Ayun:** (Extra-Tour 1, s. S. 84), eine weitläufige Anlage, zählt zu den Reichstempeln Balis.

Von Mengwi aus besuchen viele Touristen den 10 km nordöstlich von Mengwi gelegenen ›**Affenwald**‹ von Sangeh (Extra-Tour 1, s. S. 84). Aber Ob-

Orte von A bis Z **Negara**

Einer der schönsten Tempel Balis: Pura Taman Ayun

acht: Die Affen sind aggressiv und klauen gern, z. B. Sonnenbrillen… Im Muskatbaum-Wäldchen versteckt liegt auch der **Pura Bukit Sari** aus dem 17. Jh.

Das kleine **Water Garden Restaurant** bietet sich für eine Mahlzeit an. Schöner Blick auf den Tempel.

Vom Terminal Ubung in Denpasar aus fahren **Bemos** und **Minibusse** nach Mengwi.

Negara

Lage: B 3/4
Vorwahl: 03 65
Einwohner: ca. 25 000

Die Hauptstadt von Balis westlichem Verwaltungsbezirk Jembrana ist für die meisten Touristen nur eine Durchgangsstation auf dem Weg von Java zu den süd-balinesischen Ferienzentren. Das deutlich javanisch-muslimisch beeinflusste Provinzstädtchen hat dem Besucher auch nur eine nennenswerte Attraktion zu bieten – Wasserbüffelrennen (s. S. 62).

Medewi Beach: Dieser spektakuläre Strand erstreckt sich etwa 25 km östlich von Negara. Wegen der hohen Brandung zieht es vor allem Surfer dorthin. Wie an allen Stränden der balinesischen Südküste ist wegen der oft hohen Wellen und tückischen Unterströmungen auch am Medewi Beach Baden und Schnorcheln nicht ungefährlich.

Pura Rambut Siwi: Dieser aus drei Einzelbauwerken bestehende Meerestempel liegt ca. 15 km östlich von Negara. Das Heiligtum besticht vor allem durch seine Lage an einem sehr schönen, einsamen Strand. Der Legende nach hat hier der javanische Priester Nirartha, der den Hinduismus auf Bali verbreitete, ein paar Haare (indon.: Rambut) zurückgelassen, worauf der Name der Tem-

Negara

Orte von A bis Z

Natur und Kulturlandschaft: Reisfelder im Westen Balis

Orte von A bis Z **Negara**

pelanlage zurückgeht. Später errichtete man für diese Reliquien einen Schrein, aus dem dann die heutige Tempelanlage entstand.
Bali Barat-Nationalpark: Dieses rund 700 km² umfassende Naturschutzgebiet nimmt einen Großteil des Jembrana-Bezirks ein. In dem gebirgigen, dicht bewaldeten Reservat, dessen höchste Erhebung mit 1580 m der Gunung Patas ist, wurden in den 30er-Jahren zum letzten Mal balinesische Tiger gesichtet. Heute ist der Bali Barat-Nationalpark ein Refugium für andere vom Aussterben bedrohte Tierarten, darunter der Bali-Star und das Banteng, die Wildform des balinesischen Rindes. Ausgangspunkt für **Tageswanderungen** auf teilweise markierten Wegen im westlichen Teil des Naturparks ist das Hauptquartier der Parkverwaltung in Cekik, 3 km südlich von Gilimanuk. Die unwegsame Ostregion des Nationalparks ist eine nahezu unzugängliche Bergwildnis. Zum Bali Barat-Nationalpark gehört auch die nordwestlich vorgelagerte Insel **Menjangan**, mit ihren farbenprächtigen Korallengärten ein beliebtes Ausflugsziel für Taucher und Schnorchler. Verschiedene Spezialveranstalter in Sanur (s. S. 67) und Lovina Beach (s. S. 56) bieten Tauchexkursionen zu diesem Tropeneiland an.

Tourist Information Office: c/o Pecangakan Civic Centre, Jl. Setiabudi 1, Tel. 412 09, Mo–Do 8–14, Fr 8–11, Sa 8–12.30 Uhr. Hier erfährt man die genauen Termine von Wasserbüffelrennen.
Bali Barat National Park Headquarters (PHPA): Cekik, Tel. 610 60, Mo–Do 8–14, Fr 8–11, Sa 8–12.30 Uhr.
Hier stellt man die für Wanderungen im Nationalpark erforderlichen Permits aus und vermittelt geländekundige Führer. Organisierte Wanderungen im Nationalpark bietet die Firma **Sobek** in Sanur (Tel. 0361/28 70 59, Fax 28 94 48).

Die Unterkünfte in Negara sind von recht bescheidener Qualität, doch gibt es an Balis Südwest- und Nordwestküste einige empfehlenswerte Strandhotels.
Medewi Beach Cottages:
Medewi Beach, Tel. 400 29,
Fax 415 55, moderat.
Etwa 25 km östlich von Negara an einem bei Surfern beliebten Brandungsstrand gelegenes Bungalowhotel mit Swimmingpool und Restaurant. Die Gästehäuser verfügen wahlweise über eine Klimaanlage oder einen Deckenventilator. An So werden um 20 Uhr volkstümliche Joged Bumbung-Tänze aufgeführt.
Taman Sari Beach Cottages:
Pemuteran, Tel./Fax 0362/932 64, moderat.
Etwa 30 km östlich von Gilimanuk liegt abgeschieden an einer halbmondförmigen Bucht dieses Bungalowhotel mit ordentlichen und gemütlichen Gästehäusern und einem Restaurant, in dem indonesische und internationale Gerichte serviert werden. Das Management führt einen Teil der Einnahmen ökologischen Zwecken zu.
Matahari Beach Resort & Spa:
Pemuteran, Tel. 0362/923 12, Fax 923 13; Buchung in Deutschland: Tel. 040/37 49 68 50, Fax 37 51 00 02, www.matahari-beach-resort.com, Luxus.
Etwa 30 km östlich von Gilimanuk, in einem großen Tropenpark gelegenes exklusives Strandhotel mit Gourmet-Restaurant und herr-

Nusa Dua

Orte von A bis Z

licher Pool-Landschaft. Wellness-Erlebnisse der ganz besonderen Art genießt man im Parwathi Spa, dessen Architektur den königlichen Wasserpalästen von Bali nachempfunden ist.

Zwischen Juli und Oktober finden jeden zweiten Donnerstag im Monat **Wasserbüffelrennen** statt: Jeweils zwei mit einem über den Nacken gelegten, bunt bemalten und mit Fähnchen geschmückten Holzgeschirr zusammengebundene Büffel ziehen einen zweirädrigen Karren, auf dem – ganz wie ein balinesischer Ben Hur – der Lenker steht. Wegen des großen Interesses werden auch außerhalb der Saison unregelmäßig Rennen speziell für Touristen arrangiert. Auskunft bei den Fremdenverkehrsämtern in Negara oder Denpasar.

Busse nach Negara ab Denpasar/Terminal Ubung.

Nusa Dua

Lage: H 7/8
Vorwahl: 03 61

Wo früher Riesenschildkröten ihre Eier im Sand vergruben, wurden auf der Halbinsel Bukit Badung 1983 die ersten Hotels in Balis elegantestem Touristenzentrum eröffnet. Sorgfältig versteckt im tropischen Grün wunderschöner, gepflegter Parkanlagen warten hier heute mehrere Luxusrefugien auf Pauschalreisende mit mondänen Neigungen, denen für die ›kostbarsten Tage des Jahres‹ nichts teuer genug ist. Hinter diesem mit Fördermitteln der Weltbank fantasievoll und formvollendet konstruierten Ferienzentrum stand die Absicht, den Besucherstrom zu kanalisieren und gegen den balinesischen Alltag abzugrenzen. Negative Begleiterscheinungen des Fremdenverkehrs, wie sie etwa in Kuta und Legian zu beobachten sind, und die daraus resultierenden Gefahren für die Kultur und das traditionelle Wertegefüge Balis sollten abgewendet werden. Jedoch erwies sich das Konzept als nicht so schlüssig wie angenommen, denn weder die Besucher aus dem Ausland noch die Einheimischen ließen sich ans Gängelband der Tourismusplaner legen.

Oasen für Körper und Seele

Das leise Plätschern von Wasserspielen durchdringt den Raum, in der Luft liegt der betörende Duft von Frangipaniblüten. Eine beinahe mystische Atmosphäre erwartet den Gast in den ›Spas‹ mehrerer balinesischer Hotels der gehobenen Kategorie. Pauschalreisen inklusive Wellness-Pakete mit Anwendungen wie Massagen und Kräuterdampfbädern, Gesichtsbehandlungen und -packungen, Ganzkörperpeeling und Algenwickel, die zumeist auf traditionellen balinesischen Techniken basieren, werden von europäischen Reiseveranstaltern angeboten.

Orte von A bis Z **Nusa Dua**

Da Korallenbänke bis an den hellen Sandstrand heranreichen, sind Baden und Schwimmen – mit großer Vorsicht, um sich nicht zu verletzen – nur bei Flut möglich. Dieses Manko wird aber durch die herrlichen Pool-Landschaften der großen Ferienhotels mehr als ausgeglichen.

In Nusa Dua befindet sich der zweite 18-Loch-Golfplatz Balis: **Bali Golf & Country Club** (Tel. 77 17 91).

Von Tanjung Benoa, Balis größtem Wassersportzentrum, etwas nördlich von Nusa Dua, gehen Bootstouren zur ›Schildkröteninsel‹ **Serangan** (s. S. 67, Sanur: Ausflüge). Luxuriöse **Kreuzfahrten** in einem Katamaran zu den Inseln Lembongan und Penida bietet tgl. die Gesellschaft **Quicksilver** (Tel. 77 19 97, Fax 77 19 67) ab Tanjung Benoa. Stilvoll mit einem Segelschiff steuern die Gesellschaften **Ombak Putih** (Tel./Fax 28 79 34) und **Phinisi Sea Safari** (Tel./Fax 72 02 20) Lombok, Sumbawa und Komodo an.

Über Land kann man von Nusa Dua aus einen Ausflug zum **Pura Luhur Ulu Watu** (Kuta, s. S. 51) machen.

Nusa Dua Puri Tanjung: Jl. Pratama 62, Tanjung Benoa, Tel. 77 23 33, Fax 77 23 35, www.hongkong.asia-hotels.com/hotels, moderat bis teuer. Kleines Strandhotel mit Restaurant und Pool außerhalb der Nusa Dua-Enklave direkt am Meer. Alle Zimmer und Bungalows klimatisiert und komfortabel ausgestattet.

Amanusa: Tel. 77 12 67, Fax 77 12 66, www.amanresorts.com, Luxus.

Die exklusivste der Nobelherbergen von Nusa Dua übertrifft selbst die kühnsten Erwartungen der luxusverwöhnten Gäste, die es gelassen hinnehmen, dass unter all dem Komfort die Reisekasse schneller schmilzt als die Eiswürfel in ihrem ›Sundowner‹.

Grand Hyatt Bali: Tel. 77 12 34, Fax 77 20 38, www.hyatt.com,

Nusa Dua

Orte von A bis Z

Sonnenbaden in der eleganten Enklave: Strand von Nusa Dua

Buchung in Deutschland: Hyatt Service Centre, Tel. 0180/523 12 34, Luxus.
Großes Resorthotel mit luxuriös ausgestatteten Zimmern in einem Hauptgebäude sowie zahlreichen komfortablen Chalets. Mehrere Restaurants und Swimmingpools sowie verschiedene über die weitläufige Hotelanlage verstreute Kunstgalerien. Großes Sport- und Freizeitangebot.
Grand Mirage: Jl. Pratama 72–74, Tanjung Benoa, Tel. 77 38 83, Fax 77 22 47, www.grandmirage .com, Luxus.
Diese vor allem bei jüngeren, aktiven Bali-Besuchern beliebte Ferienanlage bietet reichlich Abwechslung. Zur Auswahl stehen Sport- und Unterhaltungsprogramme sowie die so genannte Thalasso-Therapie, bei der u. a. durch Wassermassagen in Whirlpools und Dampfbädern Verspannungen gelöst werden sollen.
Nusa Dua Beach Hotel: Tel. 77 12 10, Fax 77 12 29, www.hongkong.asia-hotels.com/ hotels, Luxus.
Von internationaler Prominenz aus Politik, Showbusiness und Medien bevorzugtes Firstclass-Hotel im balinesischen Stil. Mit traumhafter Pool-Landschaft, mehreren Gourmet-Restaurants und Nusa Dua Spa, einem Heilbad, in dem sich balinesische Traditionen mit westlichen Methoden vermengen.

Waroeng Ikan: Jl. Pratama, Tanjung Benoa (nahe Hotel Grand Mirage), günstig.
Schlichte Einrichtung, doch das Seafood ist bei einem Bruchteil des Preises wenigstens so gut wie in manchen namhaften Restaurants.
Jukung: Jl. Pratama 85, Tanjung Benoa, Tel. 77 39 02, günstig bis moderat.
Eine kulinarische Pilgerstätte meist einheimischer Seafood-Fans. Fangfrischer Fisch und andere Meeresfrüchte kreativ zubereitet.
Rayunan: Galleria Nusa Dua, Block E, Tel. 77 56 98, moderat.

Orte von A bis Z **Padang Bai**

In diesem luftigen Terrassenlokal werden neben indonesischen und europäischen Gerichten auch authentische balinesische Spezialitäten serviert. Jeden Abend ab 18 Uhr balinesische Tänze.

Alle großen Hotels verfügen über klimatisierte Einkaufsarkaden. Ein Shoppingzentrum von Weltklasse mit entsprechend hohem Preisniveau ist die **Galleria Nusa Dua**, wo neben internationalen Konsumartikeln auch kunsthandwerkliche Produkte ›Made in Bali‹ angeboten werden.

Zum breit gefächerten Angebot gehören die Bars und Diskotheken der großen Hotels ebenso wie die bei Touristen sehr beliebten Darbietungen von balinesischen Tänzen und Tanzdramen während des Dinners. Außerhalb der Hotelklave liegt **Hemingway's Piano Bar** (Jl. Pratama 99, Tanjung Benoa, Tel. 77 16 36), wo Pianisten die Gäste unterhalten.

Flüge: Garuda-Büro im Sheraton Nusa Indah Hotel, Tel. 77 18 64, 77 19 06.

Padang Bai

Lage: K 5
Vorwahl: 03 63

Hier floriert Balis letztes Refugium der Low-Budget-Reisenden, die ohne den Komfort mehrsterniger Hotels auskommen. Am feinsandigen Strand, den manche für den schönsten auf Bali halten, liegen zahlreiche Jukung, bunt bemalte Auslegerboote der einheimischen Fischer, die man für Ausflüge auf eigene Faust mieten kann. Gestört wird die Traveller-Idylle bislang lediglich vom betriebsamen Hafen, von dem die Fähren nach Lombok ablegen.

Am hellen Sandstrand im Ort spielt sich ein Großteil des dörflichen Lebens ab. Ruhige, idyllische Badebuchten mit sehr schönen Sandstränden liegen etwas östlich des Ortes.

Taucher und **Schnorchler** zieht es zur Padang Bai vorgelagerten ›Ziegeninsel‹ **Pulau Kambing** mit ihren unversehrten Korallenbänken. Mehrere Agenturen bieten organisierte Trips zu den arten- und erlebnisreichen **Tauch- und Schnorchelrevieren der Labuhan Amuk-Bucht** an.

Nicht weit von Padang Bai lohnen die Fledermaushöhle **Goa Lawah** (s. S. 38) und der schwarze Strand von **Kusamba** (s. S. 39), wo Salz gewonnen wird, einen Ausflug.

Nusa Penida: Felsig und dünn besiedelt, liegt die ca. 320 km² große Insel vor Balis Südostküste. Weil es auf dem verkarsteten Eiland kaum Grundwasser gibt, fehlen hier die gewohnten üppig grünen Reisfelder. Haupteinnahmequelle der zumeist muslimischen Insulaner ist der Fischfang. Balinesen vom ›Festland‹ gilt Nusa Penida als ›verwunschene Insel‹, denn hier haust der Dämonenkönig Ratu Gede Mecaling, in dessen Macht es steht, vom Meer her Seuchen zu verbreiten. Hauptattraktionen sind der Tempel Pura Ped bei Toyapakeh, die Tropfsteingrotte Goa Karangsari bei Sampalan sowie die spektakulär, teils über 200 m tief zum Meer abstürzenden Kalkklippen an der Südküste.

Padang Bai

Hotel Puri Rai:
Jl. Silayukti 7, Tel. 413 85, Fax 413 86, günstig.
Bestes Haus vor Ort, nur ein paar Schritte vom Strand entfernt. Die im inseltypischen Stil eingerichteten Zimmer verfügen über eine Klimaanlage oder einen Deckenventilator.
Kerti Beach Inn: Jl. Silayukti, Tel. 413 91, günstig.
Die strandnahen, nur mit dem Nötigsten ausgestatteten Bungalows dieser einfachen Bleibe wirken wie aus den Pioniertagen des Bali-Tourismus.
Penginapan Pantai Ayu:
Jl. Silayukti, Tel. 413 96, günstig.
Seit Jahren ist diese einfache Pension für Anspruchslose ein beliebter Traveller-Treff. Ein hervorragendes Renommee besitzt das angeschlossene kleine Restaurant, in dem Ibu Komang, die Besitzerin, selbst in den Töpfen rührt.

Jede Unterkunft hat ihr zugehöriges Restaurant, besonders zu empfehlen ist das Lokal des **Penginapan Pantai Ayu** (s. o.). Einfache Restaurants und Warungs, die aber zum Teil sehr schmackhafte Fischgerichte servieren, gibt es am Strand, etwa das am südöstlichen Strandabschnitt gelegene **Pandan Restaurant** (Tel. 414 36).

Busse und **Bemos** nach Padang Bai ab Terminal Batubulan (8 km nordöstlich von Denpasar). **Fähren** nach Labuhan Lembar auf Lombok tgl. alle 1,5 Std. (Fahrzeit ca. 4–5 Std.). Zweimal tgl. gibt es ein ›Shuttle Boat‹ direkt nach Senggigi auf Lombok (Auskunft: Perama Tourist Service, Tel. 414 19). Nach Toyapakeh auf Nusa Penida verkehren von Padang Bai sporadisch kleine Motorboote (Fahrzeit ca. 2 Std.). **Tipp:** Bei Fahrten in kleinen Booten über die gelegentlich raue Meerenge von Badung sollte man sein Gepäck gut mit Plastikplanen schützen und auch keine nässeempfindlichen (Wert-)Sachen am Körper haben, denn oft kommt man bis auf die Haut durchnässt an.

Pengosekan

Lage: H 5
Extra-Tour 2: s. S. 87

Pura Besakih

Lage: K 4
s. S. 47, Klungkung

Pura Luhur Batukau

Lage: G 4
Extra-Tour 1: s. S. 85

Darbringen von Opfern am Tempel im Meer: Pura Tanah Lot

Orte von A bis Z **Sanur**

Pura Tanah Lot

Lage: G 6
Extra-Tour 1: s. S. 85

Sanur

Lage: H 6/7
Vorwahl: 03 61

Das Dorf Sanur, wie es Vicki Baum in ihrem einfühlsamen Roman »Liebe und Tod auf Bali« beschrieb, war einst das Zentrum der schwarzen Magie auf Bali. Heute liegt die Anziehungskraft des Ortes in einem gepflegten Strandbetrieb für Erholungssuchende, denen Nusa Dua zu teuer sowie Kuta und Legian zu laut und hektisch sind. Seit Anfang der 60er-Jahre errichtete man an der kilometerlangen malerischen Bucht von Sanur zahlreiche in tropische Vegetation eingebettete, aufgelockerte Bungalowhotels, in deren Architektur durchweg traditionelle balinesische Stilelemente überwiegen. Einzige Ausnahme ist das 1966 eröffnete betondominierte Grand Bali Beach Hotel, eine Reparationszahlung der Japaner.

Museum Le Mayeur: Am nördlichen Ende des Sanur Beach, in der Nähe des Grand Bali Beach Hotel, Di–Do 8–14, Fr 8–11, Sa 8–12.30, So 8–14 Uhr.
In den 1930er-Jahren gründeten zahlreiche Europäer und Amerikaner in Sanur eine kosmopolitische Künstlerkolonie. Einer von ihnen war der belgische Maler Adrien Jean Le Mayeur, der hier sein Lieblingsmodell, die auf ganz Bali berühmte Legong-Tänzerin Ni Pollok, heiratete. Seine Werke, die er vor seinem Tod im Jahr 1958 dem indonesischen Staat vermachte, sind heute in dem nach ihm benannten Museum zu sehen.

Da ein vorgelagertes Korallenriff die Wucht des herandonnernden Meeres bricht, kann man in der Lagune von Sanur schwimmen – allerdings nur bei Flut. Bei Ebbe trüben Korallenbänke und ausgedehnte Wattflächen die Badefreuden. Daher ziehen die meisten Urlauber den Hotel-Swimmingpool der Lagune vor.

Golf: Das **Grand Bali Beach Hotel** besitzt einen Neun-Loch-Golfplatz (Tel. 28 85 11, Fax 28 79 17).
Surfen: Ambitionierte Surfer zieht es zu den wilden **Brandungsstränden bei Jungutbatu** auf der kleinen Insel Nusa Lembongan. Wer das reguläre Passagierboot, das täglich frühmorgens unweit des Grand Bali Beach Hotel ablegt, ›verschläft‹, kann für eine Hand voll Rupiah ein Boot chartern oder bei der Firma **Island Explorer Cruises** (Tel. 28 98 56, Fax 28 98 37) eine organisierte Tour ab Benoa Port buchen.
Tauchen: Tauchkurse, -exkursionen, und -ausrüstungen bieten mehrere Unternehmen an.
Bali Hai Diving Adventure, Benoa Harbour Bali, Tel. 72 03 31, Fax 72 03 34.
Cactus Divers, Jl. Bypass I Gusti Ngurah Rai 26, Tel. 46 20 63, Fax 46 21 64.
Dive & Dive's, Jl. Bypass I Gusti Ngurah Rai 23, Tel. 28 80 52, Fax 28 93 09.
Sea Star Dive Centre, Jl. Bypass I Gusti Ngurah Rai 45, Tel./Fax 28 64 92.

Serangan: Von Sanur oder Benoa kann man sich von einheimischen Fischern in bunten

Sanur

Orte von A bis Z

Schon Vicki Baum kam hierher – heute die Alternative zwischen Kuta/Legian und Nusa Dua: die Bucht von Sanur

Auslegerbooten zur ›Schildkröteninsel‹ übersetzen lassen. Der Name des Eilands rührt von den Wasserschildkröten her, die man im Inseldorf Desa Serangan in schmutzigen Betonbecken hält, mästet und später an Touristenrestaurants verkauft, obwohl sie unter Artenschutz stehen. **Pura Sakenan** an der Nordwestspitze der Insel ist als einer der Reichstempel während des Kuningan-Festes Pilgerziel Tausender Menschen. In einer farbenfrohen Wasserprozession bringen die Gläubigen komplette Gamelan-Orchester, riesige Barong-Puppen und hoch aufgetürmte Opfergaben mit.

Agung & Sue: Jl. Hang Tuah 35, Tel./Fax 28 82 89, günstig.
In Strandnähe gelegene Familienpension für Reisende, die ihr Geld lieber für andere Dinge ausgeben, mit einfachen, aber sauberen, ruhigen, teils klimatisierten Zimmern. Das kleine Restaurant gilt als traditioneller Traveller-Treff.

Hotel Santai: Jl. Danau Tamblingan 148, Tel. 28 16 84, Fax 28 73 14, günstig.
Etwas abseits vom Strand gelegenes kleines Ferienhotel mit Pool, das vom Service her mehr an ein Guesthouse erinnert. Die solide ausgestatteten Zimmer verfügen entweder über eine Klimaanlage oder einen Deckenventilator. Im angeschlossenen Restaurant hervorragende vegetarische Gerichte.
Griya Santrian Beach Bungalows: Jl. Danau Tamblingan, Tel. 28 80 09, Fax 28 71 01, moderat.
Was dieses familiäre Strandhotel im inseltypischen Stil von der Konkurrenz abhebt, ist die Hingabe an den Service, der selbst auf Bali seinesgleichen sucht. Mit Restaurant, schönem Tropengarten und zwei Swimmingpools.
Gazebo Beach Cottages: Jl. Danau Tamblingan 35, Tel. 28 82 12, Fax 28 83 00, www.hongkong.asia-hotels.com/hotels, moderat bis teuer.
In einen prächtigen Tropengarten eingebettete, ruhige Anlage mit

Orte von A bis Z **Sanur**

familiärer Atmosphäre und eigenem Strandabschnitt. Im balinesischen Stil errichtetes Haupthaus mit klimatisierten Zimmern, um das sich ebenfalls klimatisierte Bungalows gruppieren. Ein Pool ist ebenso vorhanden wie eine Sonnenterrasse. Sehenswert sind die traditionellen Tanzvorführungen, die regelmäßig im stilvollen Open-Air-Restaurant stattfinden.

Segara Village: Jl. Segara Ayu, Tel. 28 84 07, Fax 28 72 42, www.hongkong.asia-hotels.com/hotels, moderat bis teuer.
Dieses Strandhotel im balinesischen Bungalowstil mit schönem Garten und Pool eignet sich vor allem für Familien, da Kindern ein spezielles Programm geboten wird und das Personal sehr freundlich und hilfsbereit ist.

Sanur Beach Hotel: Jl. Semawang, Tel. 28 80 11, Fax 28 75 66, www.hongkong.asia-hotels.com/hotels, teuer.
In landestypischer Bauweise errichtetes, dreistöckiges Strandhotel mit über 400 erlesen möblierten, klimatisierten Zimmern und mehreren Restaurants am südlichen Ende des Sanur Beach. Sportlich Aktive finden hier alles, was ihr Körper begehrt: zwei große Swimmingpools, Tennis- und Squash-Plätze, Sauna und Fitnesscenter sowie ein großes Wassersportangebot, das u. a. Schnorcheln, Tauchen, Segeln und Windsurfing umfasst.

Bali Hyatt: Jl. Danau Tamblingan, Tel. 28 82 71, Fax 28 76 93, www.hyatt.com, Buchung in Deutschland: Hyatt Service Centre, Tel. 0180/523 12 34, Luxus.
Das von einem weitläufigen Tropenpark umgebene Hotelflaggschiff von Sanur genügt höchsten Ansprüchen. Mit herrlicher Pool-Landschaft, mehreren Gourmet-Restaurants und Bars, Einkaufsarkade, Diskothek sowie großem Sport- und Freizeitangebot.

Tanjung Sari: Jl. Danau Tamblingan, Tel. 28 84 41, Fax 28 79 30, www.hongkong.asia-hotels.com/hotels, Luxus.
Kleines, aber sehr feines Fünf-Sterne-Hotel direkt am Strand. Jeder der mit viel Liebe zum Detail, im balinesischen Stil ausgestatteten Bungalows besitzt einen eigenen kleinen Garten. Mit Restaurant und Swimmingpool.

 Segara Agung (früher: Sanur Beach Market): Jl. Segara Ayu, Tel. 28 85 74, günstig bis moderat.
Auf einer luftigen Terrasse am Meer werden hervorragende Fischgerichte und Meeresfrüchte serviert. Preiswert und trotzdem gut.

Bali Moon: Jl. Danau Tamblingan 19, Tel. 28 84 86, moderat.
Dieses Lokal in einem Stelzenhaus in Höhe der Palmwipfel bietet neben viel romantischem Flair eine vielfältige indonesische und europäische Speisekarte von mittlerem Preisniveau. Tgl. ab 20 Uhr balinesische Tanzvorführungen.

Penjor: Jl. Danau Tamblingan 140, Tel. 28 82 26, moderat.
Inseltypische und internationale Gerichte. Dazu gibt's Di, Do und So ab 19.30 Uhr Legong live.

Kuri Puti: Jl. Danau Tamblingan 37, Tel. 28 82 12, moderat bis teuer.
In diesem Restaurant der mittleren Preisklasse, das viel balinesische Atmosphäre ausstrahlt, werden lokale Spezialitäten, aber auch mexikanische Gerichte serviert. Mo, Mi, Fr, Sa ab 20 Uhr sehenswerte balinesische Tänze.

Lotus Pond: Jl. Danau Tamblingan 30, Tel. 28 93 98, moderat bis teuer.

Sanur
Orte von A bis Z

Eine der kulinarisch besten, keineswegs aber teuersten Adressen von Sanur. Hier kann man vor allem in Meeresfrüchten schwelgen. Eine andere Spezialität des Hauses ist eine ideenreiche Variante der ›Rijsttafel‹ (gekochter Reis mit einer vielfältigen Auswahl an Beilagen).
Spago: Jl. Danau Tamblingan 79, Tel. 28 83 35, teuer.
Der Chefkoch hat sich von verschiedenen Küchen der Welt inspirieren lassen. Der Grundton ist asiatisch, die Zwischentöne sind mediterran.

Andenken-, Antiquitäten- und Kunstgewerbeläden sowie Boutiquen und Designer-Shops mit zum Teil recht origineller Kleidung gibt es vor allem in der parallel zum Strand verlaufenden **Jl. Danau Tamblingan**. Eine große Auswahl an pfiffiger Strand- und Freizeitbekleidung bieten die Stände am **Sanur Beach Market** nahe der Jl. Segara Ayu. Über klimatisierte Einkaufsarkaden verfügen das **Sanur Beach Hotel** und das **Bali Hyatt**. Generell gilt: Alles ist in Sanur eine Spur teurer und edler als in Kuta/Legian.

Ausgewählte Adressen
Animale: Jl. Danau Tamblingan 138, Tel. 28 85 61.
Damenmode, Schmuck, Accessoires in klimatisiertem Ambiente.
Mama & Leon: Jl. Danau Tamblingan 97, Tel. 28 80 44.
Elegante Boutique für modebewusste Damen.
Nogo – Bali Ikat Centre:
Jl. Danau Tamblingan 98, Tel. 28 87 65.
Auf handgewebte Ikat-Stoffe mit innovativem Design spezialisiertes Geschäft.
Pisces: Jl. Danau Tamblingan 105, Tel. 28 93 73.

Orte von A bis Z # Singaraja

In schwarzweißen Mustern gehaltene Designer-Bekleidung für Damen und Herren.
Yulia Art Shop: Jl. Danau Tamblingan 38, Tel. 28 80 89.
Bietet einen bunten Querschnitt durch balinesisches Kunsthandwerk. Angeboten werden u. a. Holzschnitzereien, Silberschmuck und Batik-Produkte.

Im Gegensatz zum quirligen Kuta/Legian geht es im Nachtleben von Sanur eher gesetzt und gesittet zu. Zudem besteht hier für die Nachtschwärmer eine strenge Kleiderordnung – es gilt nämlich die Devise: »No Shorts and T-Shirts, please!« Hip und immer proppenvoll ist **Kafe Wayang** in der Jl. Bypass Ngurah Rai, in dem sich jeden Freitag Abend Jazzmusiker zu Jamsessions treffen.

Flüge: Garuda-Büro im Grand Bali Beach Hotel, Tel. 28 82 43, 28 85 11-13. Dort auch Buchungsbüros von Air France, Cathay Pacific, China Airlines, Lufthansa, Malaysia Airlines, Qantas, Singapore Airlines, Scandinavian Airlines System und Thai Airways.

Semarapura

s. S. 46, Klungkung

Singaraja

Lage: G 1
Vorwahl: 03 62
Einwohner: ca. 30 000

Mittelpunkt eines machtvollen Fürstentums, Machtbasis der Holländer im Bereich der Kleinen Sunda-Inseln, Hauptstadt von Bali, bevor Denpasar diese Funktion übernahm – dies sind nur einige Stationen in der bewegten Geschichte dieser lebhaften Handelsstadt an Balis Nordküste, deren Hafen schon vor 1000 Jahren chinesische Seekaufleute mit ihren Dschunken anliefen. Über Jahrhunderte berührten sich hier in enger Nachbarschaft Kulturen aus dem ganzen südost-asiatischen Großraum. Diese kosmopolitische Vergangenheit spiegelt sich heute noch in den vielen Gebetsstätten der verschiedenen Konfessionen wider. So findet man in Singaraja neben hindu-balinesischen Heiligtümern auch chinesische Tempel, muslimische Moscheen und christliche Kirchen.

Gedung Kirtya: Jl. Veteran 20, Tel. 226 45,
Mo–Do 7.30–14, Fr 7.30–11, Sa 7.30–12 Uhr.
Diese historische Bibliothek birgt einen einzigartigen Schatz – eine Sammlung von etwa 3000 Lontar-(Palmblatt-)Manuskripten (darunter die ältesten schriftlichen Überlieferungen Balis) und zahlreiche in alt-balinesischer Sprache beschriebene Metallplatten aus dem 14. Jh., auf denen königliche Verordnungen festgehalten sind.

Pura Beji: Ca. 8 km nordöstlich von Singaraja in Sangsit. Der Reisgöttin Dewi Sri geweiht, ist dieses Heiligtum repräsentativ für die nord-balinesische Tempelarchitektur. Anstelle der zahllosen Merus und Schreine, wie sie für die Tempelanlagen im Süden der Insel typisch sind, erhebt sich hier im inneren Tempelhof ein einziges Sanktuarium. Mit seinem überladenen Skulpturenschmuck aus wucherndem Blatt-

Singaraja

Orte von A bis Z

werk und verschlungenen Arabesken, zwischen denen Dämonen ebenso wenig fehlen wie Fabelwesen, ist Pura Beji außerdem ein Paradebeispiel für die ›barocke‹ Bauplastik der nord-balinesischen Tempel.
Pura Dalem Jagaraga: Ca. 8 km südöstlich von Singaraja bei Sawan. Dieser zwischen Sangsit und Sawan gelegene Unterweltstempel fällt wegen der Üppigkeit seines ›Ornamentdschungels‹ sowie seiner ungewöhnlichen, meist westlich inspirierten Reliefs an der Innen- und Außenseite der Umfassungsmauer auf.
Pura Maduwe Karang: Ca. 12 km nordöstlich von Singaraja in Kubutambahan. Der dem ›Herrn der Felder‹, dem männlichen Pendant zur Reisgöttin Dewi Sri, geweihte Tempel beeindruckt durch seine ausufernden statuarischen Schmuckelemente. So sieht man am massiven Tempeltor Furcht einflößende Rangda-Hexen mit Feuerzungen, grotesk übersteigerte Bildnisse von Dämonen und fantasievolle Figuren aus dem Ramayana-Epos.
Gitgit-Wasserfall: Ca. 10 km südlich von Singaraja. Dieser Wasserfall stürzt etwa 1,5 km westlich von Gitgit mit Getöse 30 m tief in eine wildromantische Schlucht.

 Viele Touristen übernachten am Lovina Beach. Sonst:
Alam Anda: Sambirenteng (45 km östl. von Singaraja), www.alamanda.de, Buchung: Legian Office, Tel. 0361/75 04 44, Fax 75 22 96, Buchung in Deutschland: Tel. 04881/93 06 33, Fax 04881/93 06 99, moderat.
Alle Zimmer dieser ausschließlich aus Naturmaterialien errichteten Bungalowanlage an einem steinigen Strand sind geräumig und stilvoll in Bambus möbliert. Zur Anlage gehören ein luftiges Terrassenrestaurant sowie Salzwasser-Pool und Tauchschule.

 Berdikari: Jl. Dewi Sardika 42, Tel. 222 17.
Weberei/Verkaufsraum für hochwertige Seiden-Handwebstoffe.
Tresna: Jl. Gajah Mada 95, Tel. 218 16.
Kunsthandwerkliche Produkte, besonders handgewebte Textilien und Holzschnitzereien.

 Busse nach Singaraja ab Denpasar/Terminal Ubung. In Singaraja gibt es zwei Bus- und Bemo-Terminals.
Terminal Banyuasri (an der Ausfallstraße nach Westen): Bemos zum Lovina Beach sowie Busse nach Gilimanuk und Denpasar (über Bedugul).
Terminal Penarukan (an der Ausfallstraße nach Osten): Bemos und Busse nach Sangsit, Sawan, Kubutambahan, Kintamani, Bangli, Klungkung, Amlapura und Denpasar (über Kintamani).

Sukawati

Lage: H 6
Extra-Tour 2: s. S. 86

Tabanan

Lage: G 5

Die kleine Stadt liegt in der ›Reiskammer‹ Balis.

 **Bali Butterfly Park:** Jl. Batukaru, Sandan, Wanasari, Tel. 81 42 82, tgl. 8–17 Uhr.
Mit rund 1000 Schmetterlingsspezies gilt der 7 km nördlich von Ta-

Orte von A bis Z **Ubud**

banan gelegene Park als größte Schmetterlingsfarm Indonesiens.

Museum Subak: 1,5 km östlich des Zentrums, nicht immer geöffnet.
Dieses kleine Museum erklärt den traditionellen balinesischen Reisanbau und das Subak-System (Extra-Tour 3, s. S.88).

Bus oder **Bemo** ab Terminal Ubung/Denpasar.

Tirtagangga

Lage: L 4
Vorwahl: 03 63

Besonders eindrucksvoll ist die Lage von Tirtagangga, dem ›Wasser des Ganges‹. Ca. 6 km nordwestlich von Amlapura ist das Dorf, eigentlich eine Ansammlung einfacher Pensionen und Restaurants, in eine herrliche Reisfeldlandschaft am Fuß des Gunung Agung eingebettet.

 Bekannt ist der Ort für sein **Wasserschloss** bzw. die **Königlichen Badeteiche**. 1947 errichtet, erlitt die Anlage bei Naturkatastrophen schwere Schäden. Erhalten sind Gebäudefundamente sowie die aus fantasievollen Wasserspeiern gespeisten Becken.

Prima Bamboo:
Tel. 213 16, günstig.
Einfache, aber geräumige und saubere Zimmer in einer gut geführten Familienpension. Herrlicher Blick auf Reisterrassen! Wayan, der ›Manager‹, organisiert Touren in die Umgebung.
Tirtha Ayu Homestay:
Tel. 216 97, günstig bis moderat.

Vom Sohn des letzten Raja von Karangasem geführter Familienbetrieb innerhalb des Palastareals mit dem Charme der alten Zeit. Gäste dürfen die Bassins des Wasserschlosses kostenlos benutzen.
Cabe Bali: Temege, Tel./Fax 220 45, Auskunft und Buchung in Deutschland: Tel. 081 71/ 92 98 08, Fax 92 98 07, moderat. Kleine Bungalowanlage mit vier komfortablen, stilvoll möblierten Steinhäuschen, die sich in einem hübschen Tropengarten verteilen. Im luftigen Gartenpavillon serviert man abends mehrgängige balinesische oder javanische Menüs. Individualreisende mit Interesse an Land und Leuten finden in dem Besitzerehepaar, der Deutschen Barbara Soetarto und ihrem javanischen Ehemann, eine schier unerschöpfliche Informationsquelle.

 Neben den Restaurants der verschiedenen Unterkünfte gibt es nur einfache Warungs.

Ubud

Lage: H 5
Extra-Tour 2: s. S. 87
Vorwahl: 03 61
Einwohner: ca. 10 000

Ubud entwickelte sich schon in den 1930er-Jahren zum Kunstzentrum Balis und zum Lieblingsdorf zahlreicher europäischer und amerikanischer Künstler, die sich hier Geist und Horizont mit balinesischer Kultur füllen wollten. Der Deutsche Walter Spies und der Holländer Rudolf Bonnet gründeten hier die Malerschule Pitha Maha. In Ubud stellte die amerikanische Ethnologin Margaret Mead Feldforschungen an, schrieb Vicki Baum viele Kapitel ihres Romans

Ubud

Orte von A bis Z

Exotisch für uns, doch Alltag auf Bali: Prozession in Ubud und ...

»Liebe und Tod auf Bali«. Den Spuren der schwärmerischen Geister folgten Epigonen von Aussteigern und Kunstliebhabern, Touristen und Traveller. Heute ist Ubud das zweitwichtigste Touristenzentrum Balis. Die Hauptstraßen der Stadt sind gesäumt von Hotels und Pensionen, Restaurants und Bars, Galerien und Läden. Doch trotz aller Vermarktung ist ein Aufenthalt in Ubud ein ›Muss‹ für jeden, der sich für die Kunst und Kultur Balis interessiert. Denn immer noch hat Ubud die höchste ›Dichte‹ an Malern, Musikern und Tänzern der ganzen Insel. Jeden Abend beginnt hier irgendwo ein Gamelan-Orchester zu spielen, jeden Abend kann man hier aus dem weiten Spektrum der kultischen Tänze und Dramen Balis eine andere Spielart kennen lernen. Ubud bietet aber nicht nur balinesische Kultur im Konzentrat, auch Naturliebhaber kommen hier auf ihre Kosten, denn der Ort liegt mitten in der grünen Fruchtbarkeit der Sawah, endloser Reisfelder in üppigem Grün, die aus einem Musterprospekt asiatischer Idylle zu stammen scheinen. Durchzogen von einem engmaschigen Netz von Fußpfaden bieten sie vielfältige Möglichkeiten für interessante Spaziergänge, Wanderungen und Radtouren. An preiswerten Losmen und Homestays, die oftmals in typische balinesische Familienanwesen integriert sind, fehlt es hier ebenso wenig wie an stilvollen Hotels der Sternekategorien. Sehr schöne Unterkünfte findet man auch in den umliegenden Dörfern, wo nachts allenfalls das konstante Froschkonzert die Ruhe stört. Oftmals vermieten Künstler in ihren Anwesen Zimmer an Touristen.

Am Zusammenfluss des Uos und einem seiner Nebenflüsse liegt direkt rechts vor der Brücke nach Campuan der **Pura Gunung Lebah**, einer der ältesten Tempel Balis, dessen Entstehung ins 8. Jh. zurückgeht. Hier

Orte von A bis Z **Ubud**

werden neben der Reisgöttin Dewi Sri auch die Götter vom Batur-See, s. S. 33, verehrt, denn der Uos wird vermutlich von diesem See gespeist.

 Puri Lukisan: Jl. Raya Ubud, Tel. 97 51 36, tgl. 8–16 Uhr.
Der 1956 eröffnete, in einem herrlichen Tropengarten gelegene ›Palast der Gemälde‹ zeigt neben neuerer balinesischer Malerei Werke der hiesigen Holzschnitzkunst.
Museum Antonio Blanco: Campuan, Tel. 97 55 02, tgl. 9–17 Uhr.
In seiner jenseits der Campuan-Brücke gelegenen Villa und Galerie präsentiert der exzentrische Surrealist Antonio Blanco, ein Amerikaner philippinischer Herkunft, seine vorwiegend erotischen Gemälde.
Museum Neka: Kedewatan, ca. 1,5 km nördlich von Ubud/Campuan, Tel. 97 50 74, tgl. 9–17 Uhr.
Dieser 1982 eröffnete Museumskomplex gliedert sich nach thematischen Schwerpunkten in mehrere Pavillons auf. Eines der Gebäude demonstriert mit einem repräsentativen Querschnitt durch die balinesische Malerei unseres Jahrhunderts anschaulich den Übergang von der traditionellen zur modernen Malkunst. Zwei andere enthalten Werke europäischer Künstler, die lange auf Bali lebten, sowie moderner indonesischer Maler. Ein weiterer Pavillon ist für temporäre Ausstellungen zeitgenössischer balinesischer Maler reserviert.
Agung Rai Museum of Art (ARMA): Pengosekan, Tel. 97 42 28, tgl. 9–18 Uhr.
In den lichtdurchfluteten Ausstellungsräumen dieses Privatmuseums präsentiert der Sammler

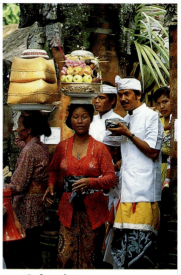

... Opfergaben

und Mäzen Agung Rai seine Gemäldekollektion: traditionelle und zeitgenössische balinesische Kunst sowie Bilder europäischer und australischer Künstler. Auf der Freilichtbühne vor dem Museum abends regelmäßig Kecak- und Legong-Aufführungen.

Die Reisfeldlandschaft um Ubud bietet sich zu schönen **Wanderungen** geradezu an (Extra-Tour 3, s. S. 88). Darüber hinaus kann man hier in Begleitung von Ornithologen die einheimische Vogelwelt kennen lernen (**Bali Bird Walks**: Tel. 97 50 09).

›**Affenwald**‹: Ca. 2 km südlich des Ortszentrums von Ubud. Dieser heilige Hain ist von zahlreichen halb zahmen, recht flinken Affen bevölkert. Im Schatten mächtiger Bäume erhebt sich der Unterweltstempel Pura Dalem Agung Padang Tegal, dessen Portal von Furcht einflößenden Rangda-Hexen flankiert wird.

Ubud

Orte von A bis Z

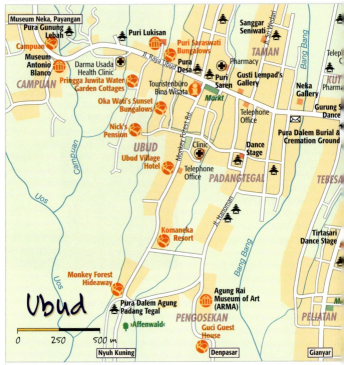

Goa Gajah: Ca. 4 km südöstlich von Ubud. Die Wurzeln der legendenumrankten ›Elefantengrotte‹, die ihren Namen Ganesha, dem elefantenköpfigen Sohn Shivas, verdankt, reichen zurück ins 11. Jh. Über dem Zugang zu der von Menschenhand geschaffenen Höhle prangt eine riesige Dämonenfratze. Ein dreifacher Linga und eine Ganesha-Statue sowie verschiedene Inschriften im Innern weisen darauf hin, dass die Anlage einst als Meditationsstätte für shivaistische Mönche diente. Vor dem Höhlenportal liegt ein Badeplatz mit sechs weiblichen Figuren, die Wasserspeier in den Händen halten.

Yeh Pulu: Ca. 6 km südöstlich von Ubud. Dieses mysteriöse 27 m lange und 2 m hohe Felsenrelief liegt inmitten von Reisfeldern in der Nähe des Dorfes Bedulu. Weder die Ursprünge noch die Bedeutung des Reliefbands mit seinen beeindruckenden, lebensgroßen Figuren stehen bis heute zweifelsfrei fest.

Pejeng: Ca. 5 km östlich von Ubud. In einem hohen, schlecht einsehbaren Pavillon im Pura Penataran Sasih von Pejeng befindet sich ein Meisterwerk der Kunst des Bronzegusses – der so genannte ›Mond von Pejeng‹. Diese in einem Stück gegossene, mit stilisierten Menschenköpfen prachtvoll verzierte Kesseltrommel, die einen Durchmesser von 140 cm besitzt und vermutlich aus dem 3. Jh. v. Chr. stammt, gilt als der größte erhaltene vorgeschichtliche Bronzegong der Welt. Viele Legenden ranken sich um dieses

Orte von A bis Z **Ubud**

kostbare Fundstück, dessen Herkunft bis heute noch nicht endgültig geklärt ist. Dem Volksglauben nach fiel der ›Mond von Pejeng‹ einst vom Himmel.

Gunung Kawi: Ca. 13 km nordöstlich von Ubud. In der Nähe des für seine kunstvollen Elfenbein- und Knochenschnitzereien bekannten Dorfes Tampaksiring befinden sich steinerne Monumente, die zu den ältesten Baudenkmälern Balis gehören. Im 11. Jh. hat man beiderseits des heiligen Flusses Pakerisan aus den Felswänden des engen Tals neun bis zu 7 m hohe Königsgräber herausgearbeitet. Aufgrund ihrer Ähnlichkeit mit den Candi genannten Totenheiligtümern der Singhasari- und Majapahit-Dynastien legen die pyramidenartigen Monumentalsarkophage von Gunung Kawi Zeugnis ab von der Übernahme des damaligen ost-javanischen Baustils. Im Grunde genommen ist die Bezeichnung ›Königsgräber‹ unzutreffend, denn man fand in ihnen keine Urnen. Tatsächlich dürfte es sich bei den Gunung Kawi-Monumenten um Gedenkstätten für vergöttlichte Fürsten und ihre Gattinnen handeln. Ganz in der Nähe befinden sich die Überreste eines Felsenklosters, in dem einst Eremiten die gesuchte Einsamkeit fanden.

Pura Tirta Empul: Ca. 15 km nordöstlich von Ubud. Verwitterten Steininschriften zufolge, wurde dieses Quellheiligtum bereits 962 gegründet. Da die Balinesen dem hier sprudelnden Quellwasser magische Heilkräfte zuschreiben, ist Pura Tirta Empul eines der meist besuchten Wallfahrtsziele der Insel. Oberhalb der Tempelanlage ließ sich Sukarno 1954 einen Sommerpalast bauen. Gelegentlich wird gemunkelt, der ehemalige Präsident, dessen Vorliebe für das zarte Geschlecht Legende ist, habe diesen Platz gewählt, um die balinesischen Schönen beim Bad im ummauerten Quellsee beobachten zu können.

Einen Ausflug lohnt auf jeden Fall auch der **Batur-See** bzw. der **Batur-Vulkan**, s. S. 33.

Touristenbüro Bina Wisata: Jl. Raya Ubud, Tel. 97 32 85, tgl. 8–20 Uhr.

Hier erfährt man die genauen Termine von kulturellen Veranstaltungen und Tempelzeremonien.

... in Ubud

Auf dem Weg zu Oka Wati's (s. u.) liegen kleine Losmen, die für wenig Geld sehr einfache, aber freundliche Unterkunft bieten.

Monkey Forest Hideaway: Monkey Forest Road, Tel./Fax 97 53 54, günstig.
Dieser reizende Schlupfwinkel am Rande des ›Affenwaldes‹ ist schon seit Jahrzehnten ein beliebter Traveller-Treffpunkt. Die Zimmer sind einfach, aber solide ausgestattet.

Alam Indah: Nyuh Kuning, Buchung: Denpasar Office, Tel./Fax 0361/97 46 29, www.alam-indah.com, moderat.
In traditioneller Inselarchitektur errichtetes, kleines, aber sehr stilvolles Domizil für Individualisten südlich des ›Affenwaldes‹. Versteckt gelegen und sehr ruhig. Schöner Pool und gutes Restaurant mit internationalen Gerichten und balinesischen Spezialitäten.

Nick's Pension: Jl. Wenara Wana/ Jl. Bisma, Tel./Fax 97 56 36, nicksp@indosat.net.id, günstig bis moderat.
Alteingesessene Unterkunft, die aber ständig erweitert und renoviert wird. Sehr schöne Lage zwischen einer malerischen Schlucht

Ubud

Orte von A bis Z

Arbeiten für den rituellen Gebrauch oder für die Touristen: ein Holzschnitzer in Ubud

und Reisfeldern. Ruhig, aber nur zwei Fußminuten zur Monkey Forest Road. Mit Restaurant und Pool. Sehr beliebt – und deshalb oft ausgebucht.
Oka Wati's Sunset Bungalows: Monkey Forest Road, Tel. u. Fax 97 50 63, okawati@dps.centrin.net.id, moderat.
Zu dieser ruhigen, da etwas abseits der quirligen ›Affenwald‹-Straße gelegenen Anlage gehören doppelstöckige, gediegen ausgestattete Gästehäuser, aus denen man einen sehr schönen Blick auf Reisfelder hat. Im zweiten Teil der Anlage liegen flachere Bungalows mit Zimmern um den Pool. Das Hotel besitzt ein exzellentes Restaurant.
Pringga Juwita Water Garden Cottages: Jl. Bisma, Tel./Fax 97 57 34, moderat.
Die ein- und zweistöckigen, einfach, aber geschmackvoll mit Bambusmöbeln ausgestatteten Bungalows dieser Anlage gruppieren sich um einen Pool in einem üppigen Tropengarten. Sehr ruhige Lage am Rande von Reisfeldern, dennoch nur ein paar Schritte zur Hauptstraße von Ubud.
Puri Saraswati Bungalows: Jl. Raya Ubud, Tel./Fax 97 51 64, moderat.
Sehr stilvolles Ambiente in einem ehemaligen Fürstenpalast. Zentrale, aber dennoch ruhige Lage. Mit Restaurant und Swimmingpool.
Ubud Village Hotel: Monkey Forest Road, Tel. 97 55 71, Fax 97 50 69, moderat.
Die Anlage dieses Bungalowhotels ist einem balinesischen Dorf nachempfunden. Die geräumigen, im inseltypischen Stil ausgestatteten Gästehäuser besitzen einen Minigarten sowie ein tolles, nach oben teilweise offenes Badezimmer. Mit Pool und sehr gutem Restaurant.
Komaneka Resort: Monkey Forest Road, Tel. 97 60 90, Fax 97 71 40, www.baliwww.com/komaneka, teuer bis Luxus.
Extravagantes Hideaway, das sich in einer Melange aus Elementen traditioneller Inselarchitektur und 90er-Jahre-Minimalismus präsentiert. Luxuriöse Villen und komfor-

Orte von A bis Z **Ubud**

Sonne, Mond und Sterne: Souvenirstand in Ubud

table Zimmer sowie ein interessant gestalteter Pool.
...in Campuan
Hotel Campuan: Tel. 97 53 68, Fax 97 51 37, teuer.
In den 30er-Jahren lebte hier der deutsche Maler Walter Spies. Um sein kleines Haus gruppieren sich heute komfortable Bungalows. Schöne Lage am Rand der Schlucht des Uos-Flusses. Mit zwei Pools und hervorragendem Restaurant.
Four Seasons Resort: Sayan, Tel. 97 75 77, Fax 97 75 88, www.fourseasons.com/locations/Bali2, Luxus.
Das exklusive Refugium thront – vorbildlich in die Landschaft integriert – über den von Reisterrassen überzogenen Steilwänden der Schlucht des Yeh Ayung. So heilig wie der Fluss ist hier die Privatsphäre der solventen Gäste. Der Service des allgegenwärtigen fast lautlosen Personals ist immer persönlich, aber nie aufdringlich.
... in Pengosekan
Guci Guest House:
Tel./Fax 97 59 75, günstig.
In der kleinen Ferienanlage etwas abseits von Ubud mieten sich gerne Individualreisende ein. Kulturell Interessierte finden in Ulli und Nyoman, dem deutsch-balinesischen Besitzerehepaar, eine schier unerschöpfliche Informationsquelle.

In der Verlängerung der Monkey Forest Road liegt links an der Jalan Sueta ein kleiner **Warung,** der Bebek Betutu und ab und zu auch Babi Guling, die ›balinesischen Nationalgerichte‹, serviert. Das Essen wird draußen, auf einem Bananenblatt angerichtet, und man setzt sich auf eine Holzbank. Eigentlich isst man hier mit der Hand, doch wer möchte, bekommt einen Löffel. Günstig.
Lilie's Garden Restaurant:
Monkey Forest Road, Ubud,
Tel. 97 53 59, moderat.
Die Spezialität des stilvollen Gartenrestaurants mit internationaler Küche ist Bebek Betutu – in Bananenblättern gegarte Ente (rechtzeitig vorbestellen!).
Panili Vanilla French Café:
Jl. Raya Pengosekan, Pengosekan, Tel. 97 12 24, moderat.

Ubud

Orte von A bis Z

Reisopfer für Dewi Sri, die Reisgöttin

Ruhiges Terrassenrestaurant mit einer großen Auswahl an kreativ zubereiteten Gerichten aus aller Welt. Beliebt bei Vegetariern und Rohköstlern. Zu empfehlen sind die fantasievollen Salate, die Namen französischer Maler tragen. Wechselausstellungen westlicher und indonesischer Künstler.
Warung Laklak: Jl. Hanoman, Padangtegal, Tel. 97 58 94, moderat.
In diesem angenehmen Lokal, in dem man entweder im ersten Stock mit einer wunderbaren Aussicht auf Reisfelder oder in einem tropischen Garten mit Teichen und Springbrunnen sitzen kann, werden neben internationalen auch authentische balinesische Gerichte serviert. Die Spezialität des Hauses ist das balinesische Dessert Laklak – Reispfannkuchen mit Kokosnuss, Palmzucker und Jackfruit.
Murnis Warung: Jl. Campuan, Ubud, Tel. 97 52 33, teuer.
Dieses alteingesessene Restaurant bietet eine gepflegte Atmosphäre und eine verfeinerte Regionalküche mit interessanten Variationen.

Indus: Jl. Raya Sanggingan, Campuan, Tel. 97 76 84, teuer bis Luxus.
Luftiges Terrassenrestaurant mit west-östlichen Kreationen im Stil der Nouvelle Cuisine und herrlichem Reisterrassen-Panorama. Für das Dinner Reservierung ratsam!

An der Hauptstraße, **Jl. Raya Ubud**, sowie in der **Monkey Forest Road**, befinden sich viele Galerien, Souvenirgeschäfte und Kunstgewerbeläden. Gemälde und Holzschnitzarbeiten kauft man jedoch am günstigsten in den Ateliers der Künstler: in Ubud oder in den Dörfern Penestanan, Peliatan und Pengosekan.
Ausgewählte Adressen
Le Chat: Monkey Forest Rd., Ubud, Tel. 081/138 80 25.
Die ultimative Adresse für den modebewussten Herren in Ubud. Oka D'Putra, der Inhaber des Ladens, gilt als einer der Trendsetter unter den balinesischen Modedesignern.
Linda Garland Interior Design Collection: Jl. Nyuh Gading, Nyuh Kuning, Tel. 97 40 28.
Stilvolle Accessoires aus Naturmaterialien für die Inneneinrichtung.
Kertas Gingsir: Jl. Dewi Sita, Ubud, Tel. 97 30 30.
Originelle und nützliche kleine Mitbringsel aus Papier. Mi und Sa erhält man während der ›Papermaking and Craft Tour‹ Einblick in die Papierherstellung.
Lotus Studios: Jl. Raya Ubud, Ubud, Tel. 97 46 63.
Bunter Querschnitt durch das balinesische Kunsthandwerk.
Sanggar Seniwati (Seniwati Gallery of Art by Women):
Jl. Sri Wedari 2 B, Banjar Taman, Tel. 97 54 85, Di–So 10–17 Uhr.
Verkaufsgalerie für Gemälde von Künstlerinnen aus Bali, Java und

Orte von A bis Z **Ubud**

Bali ohne Masken und Tänze ist kaum vorstellbar: der Jauk

anderen indonesischen Inseln. **Wardani Boutique:** Monkey Forest Rd., Ubud, Tel. 97 55 38. Großzügig bemessener Laden mit hochwertigen Handwebstoffen, Korbwaren und Kleinmöbeln.

Hip Hop und Acid Jazz gibt es jeden Tag bis Mitternacht im **Kafe Batan Waru** (Jl. Dewi Sita, Tel. 97 75 28). Guten Jazz bietet jeden Mi, Fr u. Sa ab 21 Uhr das **Jazz Café** (Jl. Tebasaya, Tel. 97 68 57), einen interessanten Soundmix aus moderner westlicher Musik und Gamelan-Klängen jeden Di ab 20 Uhr das **Sai Sai** (Monkey Forest Rd., Tel. 97 88 11).

Statt Bar und Disko hat Ubud traditionelle Aufführungen balinesischer Tänze und Tanzdramen zu bieten. Ein gutes Renommee für **Barong- und Legong-Darbietungen** haben die Bühnen von Banjar Tengah in Peliatan bei Ubud sowie die des Puri Saren in Ubud. **Wayang Kulit-Aufführungen** bei Oka Kartini in Peliatan, **Kecak-, Feuer- und Trancetänze** in Batubulan, ca. 15 km südlich von Ubud. Gut sind aber auch die Kecak-Aufführungen in Ubud selbst. Über genaue Termine informiert das Touristenbüro Bina Wisata, das auch Tickets verkauft. Bei Aufführungen, die außerhalb von Ubud stattfinden, ist der Transport gewöhnlich im Preis enthalten. Es vergeht kaum eine Woche, in der nicht in Ubud oder einem der Dörfer in der Umgebung eine farbenprächtige **Tempelzeremonie** oder ein anderes religiöses Fest stattfände. Termine erfährt man im Touristenbüro Bina Wisata.

Bemos nach Ubud ab Terminal Batubulan (8 km nordöstlich von Denpasar). Verschiedene Agenturen bieten einen **Shuttle-Bus** an, der zwischen Ubud und Kuta/Legian, Ubud und Sanur, Ubud und Flughafen Ngurah Rai, Ubud und Lovina Beach sowie zwischen Ubud und Candi Dasa bzw. Padang Bai pendelt. Die Ausflugsziele ab Ubud mit öffentlichen Verkehrsmitteln zu erreichen, ist zeitaufwendig. Besser, man mietet in Ubud ein Fahrzeug.

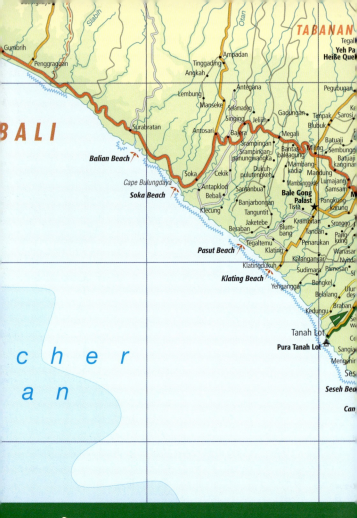

EXTRA-

Bali traditionell: Zu Tempeln und Künstlern, aufs Land und in die Berge

1. Zu Berg- und Meerestempeln
2. Zu Künstlern und Kunsthandwerkern

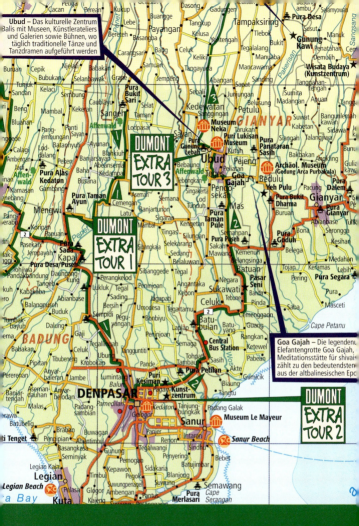

Touren

3. Landleben auf Bali – Eine Wanderung durch Reisfelder und zu traditionellen Gehöften
4. Zeitreise – Ein Besuch im Bali Aga-Dorf Tenganan
5. Zum Sitz der Götter – Die Besteigung des Gunung Agung

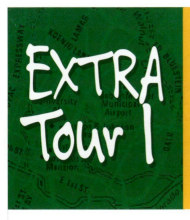

Tagesausflug zu Berg- und Meerestempeln

Tempel, Tempel, Tempel – wohin man auch schaut. Niemand kann genau sagen, wie viele sakrale Bauten auf der kleinen Insel Bali existieren.

Einen guten Eindruck von der Anlage eines typischen balinesischen Tempels gewinnt man beim Besuch des **Pura Taman Ayun** (G5) in Mengwi (s. S. 58). Die ausgeschilderte Straße zu diesem Tempel, wohl einem der schönsten Heiligtümer Balis, zweigt etwa 15 km hinter Denpasar von der nach Westen führenden Hauptstraße ab. Von der Plattform des Kulkul-Trommelturms beim Haupteingang wird die klare Gliederung des Tempelkomplexes deutlich. In drei auf unterschiedlichem Niveau gelegenen, von einer Mauer umfriedeten Höfen stehen zahlreiche Altäre, Schreine und Pavillons sowie große und kleine vielstöckige Pagoden, die so genannten Meru. Letztere symbolisieren den kosmischen Berg Mahameru, den Sitz der hinduistischen Götter. Am architektonisch aufwendigsten gestaltet sind die monumentalen Tore, welche die einzelnen Höfe miteinander verbinden. Besonders auffällig ist das Candi Bentar, das gespaltene Eingangsportal, das den Dualismus allen Seins symbolisiert. Flankiert werden die Tore von steinernen Raksasa-Wächtern, die übel wollende Wesen aus der unteren Sphäre vom Tempelbezirk fern halten sollen. Besuchern nicht zugänglich ist der höchstgelegene Tempelhof, das Jeroan genannte Allerheiligste. Hier erheben sich die Schreine, die den Gottheiten während ihres Aufenthalts bei den Menschen als Ehrensitze dienen. Umgeben ist der Taman Ayun-Tempel, dessen Ursprünge ins 17. Jh. zurückreichen, von lotosbewachsenen künstlichen Wassergräben.

Ein Abstecher führt von Mengwi zum 10 km nordöstlich gelegenen ›**Affenwald**‹ **von Sangeh** (H5). Die hier hausenden Grauaffen genießen bei den Balinesen eine besondere Verehrung, gelten sie doch als Nachkommen jenes legendären Affenheeres, das unter der Führung Hanumans, Rama, dem Heroen des indischen Heldenepos Ramayana, in seinem Kampf gegen den Dämonenkönig Rawana beistand. Moos- und flechtenüberwachsen versteckt sich im

Extra-Tour

Tempel im Meer: Pura Tanah Lot

dämmrigen Wäldchen der **Pura Bukit Sari** (H5), ein kleines, Vishnu geweihtes Heiligtum.

Mehr noch als der ›Affenwald‹-Tempel beweist der an der Südostflanke des Vulkans Gunung Batukau gelegene **Pura Luhur Batukau** (G4), dass die Balinesen ein ausgeprägtes Gefühl für magische Plätze haben. Eingerahmt von regentriefenden Urwäldern, in denen sich oft Nebelfetzen verfangen, strahlt dieses Bergheiligtum eine mystische, weltentrückte Stimmung aus. Trotz seiner baulichen Schlichtheit zählt der Pura Luhur Batukau, in dem Mahadewa, die Gottheit des Batukau-Vulkans, verehrt wird, zu den heiligsten Tempeln Balis. Nur wenige Touristen kommen hierher, auch Balinesen nur an Festtagen. Ein Abstecher führt zum Dorf **Jatiluih** (G4, wörtlich ›wahrlich wunderbar‹) an den südöstlichen Ausläufern des 2276 m hohen Gunung Batukau. Dort haben sich Reisbauern als Landschaftsarchitekten betätigt. Wie riesige Himmelstreppen ziehen sich ihre kunstvoll angelegten Reisterrassen oft hunderte von Metern die steilen Bergflanken hinauf.

Spätestens gegen 16 Uhr sollte man sich auf den Rückweg an die Südküste machen, will man nicht ein spektakuläres Naturschauspiel versäumen – den Sonnenuntergang beim Meerestempel **Pura Tanah Lot** (G6), Dieses Kleinod ist mehr als ein Tempel auf einem Felsen im Meer, es ist ein Vorposten gegen die von allen Balinesen gefürchteten Mächte der Unterwelt, gegen die im Meer hausenden Dämonen. Hier fasziniert vor allem die eindrucksvolle landschaftliche Lage und die zauberhafte Atmosphäre am späten Nachmittag.

Tipp

Nehmen Sie unbedingt einen Sarong und einen Selendang (Tempelschal) mit, denn sonst müssen Sie diese Kleidungsstücke, ohne die man keinen balinesischen Tempel betreten darf, gegen Gebühr leihen.

EXTRA Tour 2

Zu Künstlern und Kunsthandwerkern

Überall auf Bali wird gemalt, geschnitzt, gehämmert, geschmiedet, gewebt, getanzt und musiziert. Berühmte Kunsthandwerksorte, für deren Besuch man mindestens zwei Tage einplanen sollte, befinden sich vor allem entlang der viel befahrenen Trasse Denpasar–Ubud.

Das erste Dorf an der ›Straße der Kunsthandwerker‹ ist **Batubulan** (H6, s. S. 32), das sich als Zentrum der balinesischen Steinmetzkunst einen Namen gemacht hat. In den Werkstätten der Skulpteure werden zu tausenden Götter- und Dämonenstatuen, Fabeltiere und Gestalten aus der hinduistischen Mythologie gemeißelt.

Das Nachbardorf **Celuk** ist das Mekka der Gold- und Silberschmiede. In einfachen Werkstätten werden hier nach traditionellen Methoden vorwiegend feine Filigranarbeiten hergestellt. Da die großen Galerien an der Hauptstraße täglich von Busladungen solventer Touristen, die jeden Preis bezahlen, besucht werden, ist das dortige Preisniveau entsprechend hoch. Es lohnt sich zu handeln oder einen Blick in kleinere Werkstätten zu werfen.

Brieftaschen schonender einkaufen kann man im 3 km weiter östlich gelegenen **Sukawati**. Dort bietet der Pasar Seni (Kunstmarkt) eine breite Palette kunsthandwerklicher Produkte zu ausgesprochen günstigen Preisen. Inselweit bekannt sind die Dalang von Sukawati. Die hiesigen Meister des Schattenspiels fertigen ihre filigranen Wayang Kulit-Figuren selbst aus gegerbtem Büffelleder an. Ein gutes Renommee haben auch die in diesem Ort beheimateten Schirmmacher, die alle Arten von Hoheitsschirmen für Prozessionen und Tempelzeremonien fertigen.

In den 30er-Jahren gaben die westlich beeinflussten Künstler des Nachbardorfs **Batuan** der Entwicklung der modernen balinesischen Malerei kräftige Impulse. Während man vorher fast ausschließlich Götter und Dämonen im streng formalen, zweidimensionalen Wayang-Stil malte, fanden nun Szenen aus dem Alltagsleben, dreidimensional dargestellt, Eingang in die Gemälde.

Mit exklusiven Ateliers und Galerien sowie protzigen Villen kündigt sich wenige Kilometer nörd-

Extra-Tour 2

lich des Verkehrsknotenpunktes Sakah das Dorf der Holzschnitzer an, **Mas** (H5). Bataillone von Holzschnitzern werkeln hier wie am Fließband, zaubern aus groben Holzklötzen edle Heldengestalten und grazile Himmelsnymphen, lachende Frösche und großäugige Affen, bunte Blumen und imitierte Früchte. Ein Qualitätsmerkmal ist das Gewicht des Holzes: Wertvolles, aus Sulawesi oder Kalimantan importiertes Ebenholz ist schwer, billiges, lokales Weichholz leicht. Besonders teuer ist aus Sumba oder Timor eingeführtes Sandelholz. In einer sehr alten Tradition wurzelt in Mas die Maskenschnitzerei, auf die sich hier einige Familien spezialisiert haben.

Nördlich von Mas nimmt die Dichte an Gemäldegalerien merklich zu – wir nähern uns **Ubud** und seinen Vororten. Seit die balinesische Malerei hier in den 30er-Jahren eine durch Walter Spies, Rudolf Bonnet und andere europäische Künstler inspirierte Renaissance erlebte, entwickelte sich, so der Eindruck, jeder, sofern nicht farbenblind, zum Maler. Allerdings haben die heute in den hiesigen Ateliers unendlich reproduzierten Gemälde mit den Kunstwerken der von Spies und Bonnet gegründeten Malerschule Pitha Maha nur noch wenig gemeinsam. Nicht Kunst ist heute das Ziel, sondern Kommerz. So bannen denn Heerscharen von Malern die ewig gleichen Motive auf die geduldige Leinwand. Die weite Palette der Stilrichtungen reicht von der traditionellen Wayang-Malerei bis hin zu modernistischen Themen und Techniken. Um sein Auge zu schulen und die Spreu vom Weizen trennen zu können, empfiehlt sich vor dem Gemälde-Shopping ein Blick in die Museen Puri Lukisan und Neka in Ubud oder in das Agung Rai Museum of Art in Pengosekan. Aufschlussreich ist auch ein Besuch der Community of Young Artists in **Pengosekan**, einer 1969 von Dewa Nyoman Batuan gegründeten Malschule, die an die Tradition der berühmten Pitha Maha anknüpft. Ziel dieser Einrichtung ist es, Kinder und Jugendliche aus armen Familien zu fördern, sie zu kreativer Eigenarbeit anzuleiten und durch den Verkauf ihrer Produkte ihren Lebensunterhalt zu sichern. Auch in **Peliatan** und in **Penestanan** bei Ubud steht die Malkunst noch in hoher Blüte. Hier entstand Ende der 50er-Jahre unter der behutsamen Anleitung des holländischen Malers Arie Smit die Schule der Jungen Künstler. Zahlreiche aus dieser Gruppe hervorgegangene Maler sind heute noch aktiv und freuen sich über Besuch in ihren Ateliers.

Exakte Vorbereitung: Maler in Ubud

Landleben auf Bali – Eine Wanderung durch Reisfelder und zu traditionellen Gehöften

Das Leben im ländlichen Bali, abseits der hektischen Touristenzentren des Südens, ist ruhig und gelassen. Es beginnt früh am Tag, in der Regel noch vor dem Morgengrauen, wenn die Hähne zu krähen anfangen und die Hunde zu bellen aufhören. Mit den ersten Sonnenstrahlen sollte man auch die Wanderung von **Ubud** über die Dörfer **Sebali** und **Keliki** nach **Taro** beginnen (H5–H4). Wer den Zauber der für Zentral-Bali typischen Reisfeldlandschaft erleben und Einblicke in balinesisches Landleben gewinnen will, für den ist diese etwa 15 km lange Tagestour ein ›Muss‹.

Ausgangspunkt der Wanderung ist die Campuan-Brücke. Von dort führt ein schmaler Fußpfad hinab ins Tal des Uos-Flusses, den man auf einer Brücke überquert. Danach geht es steil hinauf zu einem hoch über zwei Flusstälern verlaufenden Bergkamm. Am Horizont tauchen die Kegel der Vulkane Agung und Batukau auf. Wohin der Blick auch schweift schmeicheln Reisterrassen dem Auge, Resultat einer seit Jahrtausenden praktizierten Landschaftsarchitektur, in der Form und Funktion eine perfekte Symbiose eingehen. Da Reis – Balis Grundnahrungsmittel Nummer eins – nur auf völlig waagerechten Feldern, auf denen das Wasser knietief stehen kann, wächst, mussten die Bauern in den Bergregionen Zentral-Balis ganze Hänge und Bergflanken in Terrassenfelder verwandeln. Die Gestaltung dieser Kulturlandschaft obliegt ebenso wie das Setzen der Reisschösslinge den Männern. Die Frauen helfen mit bei der Ernte, die, dank eines genialen Bewässerungssystems und der nährstoffreichen vulkanischen Böden, zwei- bis dreimal pro Jahr stattfindet. Da kein einzelner Mann die schwere Feldarbeit allein bewältigen könnte, entstanden schon vor langer Zeit die Subak genannten landwirtschaftlichen Vereinigungen. Aufgabe dieser Kooperativen ist die Organisation von Gemeinschaftsarbeiten und die Wasserverteilung.

Nebeneinander liegende Sawahs, wie die Nassreisfelder genannt werden, können sich in je-

Extra-Tour 3

Es sind meist Frauen, die die goldgelben Halme abschneiden: Reisernte bei Keliki

weils anderen Wachstumsphasen befinden. So hat der Wanderer vielleicht das Glück zu sehen, wie in einem Reisfeld lehmverschmierte Bauern, knietief im Wasser stehend, grüne Setzlinge in den Schlamm drücken, während auf dem Nachbarfeld ein Kerbau-Wasserbüffel, vor einen einfachen Holzpflug gespannt, seine Bahnen durch die glitschigen Erdmassen eines abgeernteten Reisfeldes zieht. Womöglich wird ein anderes Feld gerade abgeerntet. Es sind Frauen, die die goldgelben Halme abschneiden und sie bündelweise an langen Bambusstangen zu einem Sammelplatz tragen, wo andere Frauen den Reis dreschen, indem sie die Garben auf den Erdboden schlagen. Szenerien, wie man sie von den Bildern balinesischer Maler kennt.

Und auch das gibt es auf dieser Wanderung zu sehen: Ein Dorf wie **Sebali**, in dem sich reisstrohgedeckte Backsteinbauten hinter mannshohen Lehmmauern verbergen. Diese traditionellen balinesischen Familiengehöfte mögen Europäern wie abweisende ›Festungen‹ erscheinen, für Balinesen sind sie jedoch ein sichtbares Zeichen für das enge Zusammengehörigkeitsgefühl des Familienverbandes.

Wie alle Dörfer der Insel ist auch Sebali in seiner Anlage auf die kosmische Ordnung ausgerichtet, d. h. die Planung erfolgte unter Beachtung einer zwischen Meer (dem Reich des Bösen) und Berg (der Sphäre des Göttlichen) verlaufenden imaginären Achse. Diese Hauptstraße wird im rechten Winkel von kleineren Querstraßen gekreuzt. Um den an einem zentralen Schnittpunkt entstandenen Platz gruppieren sich als wichtigste Gebäude der Dorftempel, die Versammlungshalle und die Hahnenkampfarena.

Wer nur etwa die Hälfte der Strecke Ubud–Taro laufen möchte, findet im Dorf Keliki mit etwas Glück ein Bemo, das über Tegalalang zurück nach Ubud fährt. Wegen der herrlichen Landschaftsszenerien lohnt es sich aber sehr, die Wanderung bis Taro fortzusetzen. Entweder in Taro oder im etwa 2 km südöstlich gelegenen Pujungklod warten bis ca. 16 Uhr Bemos für die Rückfahrt nach Ubud.

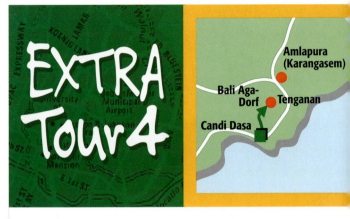

Zeitreise – Ein Besuch im Bali Aga-Dorf Tenganan

Das Ojek-Motortaxi wird zur Well'schen Zeitmaschine: Nur 3 km lang ist die Stichstraße, die westlich von Candi Dasa zum Bali Aga-Dorf Tenganan abzweigt (L5). Doch fühlt man sich nach nur zehnminütiger Fahrtdauer in eine längst vergangene Epoche versetzt.

Wer durch ein schmales Portal Tenganan betritt, findet sich in einem Dorf wieder, das sich, abgesehen von den zahlreichen Verkaufsständen, wesentlich von anderen, viel besuchten balinesischen Orten unterscheidet. Und auch mit traditionellen Dörfern auf der Insel hat Tenganan wenig gemein. Den mauerumwehrten rechteckigen Ortskern prägen zwei leicht ansteigende, parallel verlaufende Pflasterstraßen, entlang derer sich dicht an dicht die mit Palmblättern gedeckten Familienanwesen reihen. Auf den sich terrassenförmig bergwärts ziehenden Grasflächen zwischen den beiden Dorfstraßen stehen Tempel, Schreine und Pavillons.

Die hier lebenden Bali Aga (Alt-Balinesen) betrachten sich selbst als eine ›Gesellschaft der Auserwählten‹, führen ihre Ursprünge direkt auf den Götterkönig Indra zurück. Sie haben ihre urbalinesischen Prinzipien, die vom Hinduismus der Majapahit-Epoche unberührt blieben, bis heute weitgehend bewahren können. Die ca. 300 Dorfbewohner leben nach eigenen Regeln. Vor allem ihre Sozialgesetze greifen recht hart in die individuelle Lebensgestaltung der Menschen ein. Da der ›Reinheit des Blutes‹ ein hoher Stellenwert beigemessen wird, ist es einem Bali Aga verboten, eine Frau aus einem anderen Dorf zu heiraten. Verstößt er gegen dieses strikte Tabu, so muss er im Ostteil des Dorfes wohnen oder das Dorf ganz verlassen.

Im Mittelpunkt des religiösen und sozialen Lebens der Bali Aga steht ein kompliziertes Ritualsystem. Zeit, ihren vielfältigen religiösen Pflichten nachzukommen, haben die Tengananer: Sie lassen ihre ausgedehnten Reisfelder gegen die Hälfte des Ernteertrags von Balinesen aus den Nachbardörfern bestellen. Da sie den erwirtschafteten Profit unter sich aufteilen, wurde Tenganan oft als ein ›urkommunistisches‹ Dorf bezeichnet.

Extra-Tour 4

Leben nach urbalinesischen Prinzipien: junge Frauen in Tenganan

Das liturgische Jahr der Bali Aga ist geprägt von einer praktisch nie abreißenden Kette von religiösen Zeremonien und Ritualen. Am spektakulärsten ist das einmal im Jahr stattfindende dreitägige Mekare-Kare-Fest. Riesige kultische Stufenschaukeln werden zwischen den Häusern errichtet und zu den Klängen des heiligen Selunding-Gamelan rituelle Opfertänze aufgeführt. Höhepunkte sind die Kare-Kämpfe, ein Fruchtbarkeitsritual, bei dem junge Bali Aga versuchen, sich gegenseitig mit dornenbesetzten Pandanus-Blättern die entblößten Oberkörper blutig zu schlagen. Mit dem dabei vergossenen Blut erbittet man den Segen der Götter für die kommende Reisernte.

Besucher lernen in Tenganan während ihes etwa dreistündigen Aufenthalts auch zwei aussterbende Kunstgattungen kennen: Das komplizierte Handwebverfahren des Doppel-Ikat und das Kopieren alt-balinesischer Texte auf Blätter der Lontar-Palme. Bei der sehr alten Doppel-Ikat-Webkunst verarbeiten Frauen gemusterte Fäden, die bereits vor dem Webvorgang nach einem bestimmten Schema bunt eingefärbt worden sind. Die Kunstfertigkeit besteht darin, beim Weben die Fäden der Kette mit denen des Einschlags exakt in Übereinstimmung zu bringen, damit sich die gewünschten Motive ergeben. Diese Geringsing genannten Stoffe haben im religiösen Leben und im mystisch-kultischen Bereich eine überragende Bedeutung – man glaubt, sie hätten magische Kräfte und würden Krankheiten abwehren und vor anderem Unheil schützen. Zum Verkauf werden nur fehlerhafte Stücke oder in einfacheren Webtechniken angefertigte Textilien angeboten. Bei der Lontar-Malerei handelt es sich um alt-balinesische heilige Texte und Miniaturillustrationen, die mit einer Eisenfeder in klein geschnittene Blätter der Lontar-Palme geritzt werden. Um die Gravuren besser hervortreten zu lassen, schwärzt man sie mit einer Mixtur aus Asche und Öl. Zusammengehalten werden die einzelnen Blätter von zwei verzierten Deckeln aus Sandelholz. – In Tenganan haben sich traditionelle Werte und kulturelle Formen trotz Hinduismus, trotz westlichen Einflusses und Tourismus erhalten.

Zum Sitz der Götter – Die Besteigung des Gunung Agung

Die Balinesen sind wohl die einzigen Inselbewohner der Welt, deren Leben nicht auf das Meer ausgerichtet ist, sondern landeinwärts zu den Bergeshöhen. Dem hindu-balinesischen Glauben – Agama Hindu Dharma genannt – zufolge gilt das Meer mit seinen unergründlichen Tiefen, abweisenden Riffen und gefährlichen Strömungen als das Reich der Toten sowie als Sphäre der Leid und Unheil über die Menschen bringenden Dämonen. Vor dem Meer haben alle gläubigen Balinesen Furcht oder doch zumindest eine gehörige Portion Respekt. Die Berge mit ihren Seen und Flüssen dagegen sind heilig, denn auf ihnen leben die Götter, die vergöttlichten Naturkräfte und die Seelen der Ahnen.

In diesem Zusammenhang sind Kelod und Kaja zwei Ordnungsbegriffe von zentraler Bedeutung – mit ihnen wird der Gegensatz zwischen Meer und Berg zum Ausdruck gebracht. Kelod steht für das Negative und Unreine, Kaja für das Positive und Göttliche, das Glück- und Fruchtbarkeitsbringende. Zwischen diesen beiden Gegenpolen, in der ›Mittleren Welt‹, leben die Menschen. Alle Dörfer, Tempel und Gehöfte auf Bali sind entlang der imaginären, zwischen Meer und Bergen verlaufenden Denk- und Lebensachse angelegt. Als symbolischen Mittelpunkt des Universums verehren die Balinesen den Gunung Agung, den Sitz der hinduistischen Dreieinigkeit (K3).

Wer griffiges Schuhwerk im Gepäck hat und die Strapazen eines, je nach Route, etwa 10- bis 14-stündigen Auf- und Abstiegs nicht scheut, kann seine Bali-Eindrücke mit einer Wanderung auf den balinesischen Olymp krönen. Doch vor das Gipfelglück haben die Götter den Schweiß gesetzt.

Zwei Trekking-Routen führen auf den mit 3142 m höchsten Berg der Insel. Ausgangspunkt der Südroute ist der in etwa 1500 m Höhe gelegene Pura Pasar Agung, den man vom Dorf Selat auf einer etwa 10 km langen, von robusten Autos befahrbaren Straße erreichen kann. Für den Weg vom Tempel bis zum Kraterrand des Agung sollte man ca. 5 Std. veranschlagen, zurück vielleicht etwas

Extra-Tour

Für die hinduistischen Balinesen Sitz der Götter: Gunung Agung

weniger. Ein ›Nachteil‹ der Südroute besteht darin, dass man auf ihr den höchsten Punkt des Agung-Massivs nicht erreicht. Ortskundige Führer finden sich in den Dörfern Selat oder Sebudi.

Obwohl länger (Aufstieg ca. 7–8 Std., Abstieg ca. 5–6 Std.) bevorzugen die meisten Bergwanderer die beim ca. 950 m über dem Meeresspiegel gelegenen Pura Besakih beginnende Südwestroute. Kletterkünste sind für den Aufstieg nicht nötig, aber eine gute Kondition und Ausrüstung (Bergschuhe, Kälte- und Nässeschutz, Proviant, Trinkwasser, Taschenlampe u. a.) sowie die Bereitschaft, sehr früh aufzustehen. Da es im Agung-Massiv bislang noch keine Schutzhütten gibt, sollte der Auf- und Abstieg nämlich an einem Tag erfolgen – Aufbruch in Besakih also gegen 2 Uhr morgens! Es empfiehlt sich unbedingt, einen Guide zu engagieren, da der unmarkierte Weg im üppigen Bergregenwald sowie in der von erkalteten Lavaströmen zerfurchten Gipfelregion nicht leicht zu finden ist.

Der Wanderpfad beginnt an der Ostseite des Pura Panataran Agung, des zentralen Tempels von Besakih. Nach etwa 30 Min. passiert man den Pura Gelap und nach einer weiteren halben Stunde den Pura Pangubengan – beide malerisch gelegenen Schreine gehören noch zum weitläufigen Komplex des ›Muttertempels‹ (s. S. 47). Danach geht der Weg beinahe in die Direttissima über, und man muss an besonders steilen und bei Regen sehr glitschigen Stellen an Ästen und Wurzeln Halt suchen. Jenseits der Baumgrenze in etwa 2500 m Höhe erreicht man nach ca. 6 Std. Kori Agung, eine mächtige Felswand, symbolisches Eingangstor zur heiligen Gipfelregion des Göttervulkans. Anschließend überquert man ein schroffes Geröllfeld und gelangt später über einen Bergkamm, zu dessen beiden Seiten ausgedehnte Lavafelder steil abfallen, nach weiteren zwei Kletterstunden zum Gipfel. Dort jagt kalter Wind Wolkenfetzen über den Krater, aus dem Schwefelschwaden entweichen. Die Cinemascope-Fernsicht über weite Teile Balis bis hinüber zum Gunung Rinjani auf Lombok bildet das Finale dieses unvergesslichen Naturerlebnisses.

Impressum/Fotonachweis

Fotonachweis

Roland Dusik, Lauf   S. 2/3 (Reisbauern auf einem Feld bei Tista), 4/5, 10, 31, 35, 38, 43, 50, 53, 54, 57, 59, 60, 68, 78, 80, 81, 85, 87,89, 93
Clemens Emmler/laif   Titelbild (Kadewatan Pura Dajem, Tänzer)
Wolfgang Fritz, Köln   S. 6/7, 32, 36, 44, 64, 66,
Jan Greune/Look, München   S. 8/9, 15, 26/27, 34/35, 74, 75,
Jo Kirchherr, Köln   S. 1, 17, 79, 91
Britta Lanzerath, Köln   S. 46/47

Kartographie: Berndtson & Berndtson Productions GmbH, Fürstenfeldbruck
© DuMont Buchverlag

Alle in diesem Buch enthaltenen Angaben wurden vom Autor nach bestem Wissen erstellt und von ihm und dem Verlag mit größtmöglicher Sorgfalt überprüft. Gleichwohl sind inhaltliche Fehler nicht vollständig auszuschließen. Ihre Korrekturhinweise und Anregungen greifen wir gern auf. Unsere Adresse: DuMont Buchverlag, Postfach 101045, 50450 Köln. E-Mail: reise@dumontverlag.de

Die Deutsche Bibliothek – CIP-Einheitsaufnahme

Dusik, Roland
Bali / Roland Dusik.
-Köln : DuMont, 2002
(DuMont Extra)
ISBN 3-7701-5718-4

Grafisches Konzept: Groschwitz, Hamburg
© 2002 DuMont Buchverlag, Köln
Alle Rechte vorbehalten
Druck: Rasch, Bramsche
Buchbinderische Verarbeitung: Bramscher Buchbinder Betriebe

ISBN 3-7701-5718-4

Register

›**A**ffenwald‹ 58f., 75, 84
Air Panas Komala Tirta 56
Amed (M 3) 28 f.
Amlapura (L 4) 29 f.
Anreise 22
Auskunft 22
Auto fahren 24

Baden *18*, 38, 50, 59, 62, 65, 67
Bali Barat-Nationalpark 61
Bali Butterfly Park 72f.
Bali Museum 42
Balina Beach 40
Bangli (J 4) 30 f.
Batuan (H 6) 32, *86*
Batubulan (H 6) *32*, *86*
Batur-See/-Vulkan (J/K 2/3) *33ff.*, 75, 77
Bedugul und Bratan-See (G 3) 35 ff.
Bergsteigen/Wandern *18*, 75, 88 f., 92 f.
Botanischer Garten/Kebun Raya 36
Brahma Vihara-Arama 56
Bratan-See (G 3) *35ff.*, 57
Bukit Badung 51
Bukit Bangli 31
Bukit Mungsu 36
Buyan-See *35,* 56

Campuan 79
Candi Dasa (L 5) 18, *37 ff.*
Canggu 53
Celuk (H 6) 41, *86*

Denpasar (H 6) 41 ff.
Diplomatische Vertretungen Umschlaginnenseite vorn

Einreise 22

Gianyar (J 5) 45 f.
Gitgit-Wasserfall 56, *72*
Goa Gajah 76
Goa Karangsari 65
Goa Lawah 38 f., 65
Golf *18*, 36, 63, 64, 67
Gunung Agung *18* f., 28, 39, *92 f.*

Gunung Batur 18, *33*
Gunung Kawi 77

Jatiluih (G 4) 46, *85*
Jimbaran 50, 53
Jungutbatu 19

Kamasan 48
Keliki 88 f.
Kinder 19
Kintamani 35
Klungkung/Semarapura (J 5) 39, *46 ff.*
Kochkurse 18
Krankheit Umschlaginnenseite vorn
Kusamba 39, 65
Kuta/Legian (G 7) 18 f., 49 ff.
Kuta Beach 50

Legian s. Kuta/Legian
Lombok 18
Lovina Beach (F 2) 18 f., *56 ff.*

Mas (H 5) 58, *87*
Medewi Beach 59
Mendira 40
Mengwi (G 5) 58
Menjangan 19, 61

Negara (B 3/4) 18, *59 ff.*
Notfall Umschlaginnenseite vorn
Nusa Dua (H 7/8) 18 f., *62 ff.*
Nusa Lembongan 19, 63
Nusa Penida 65

Odalan *14*, 34, 48

Padang Bai (K 5) 19, *65 f.*
Parasailing 36
Pejeng 76
Peliatan 87
Penestanan 87
Pengosekan (H 5) 66, 79, *87*
Penelokan 33
Puputan 11, 41
Pura Beji 71
Pura Besakih (K 4) 39, *47 f.*, 66, 93
Pura Bukit Sari (H 5) 59, 85

Register

Pura Dalem Agung Padang Tegal 75
Pura Dalem Jagaraga 72
Pura Dalem Sidan 46
Pura Gunung Lebah 74 f.
Pura Jagatnatha 41
Pura Kehen 31
Pura Luhur Batukau (G 4) 66, 85
Pura Luhur Ulu Watu *51, 63*
Pura Maduwe Karang 72
Pura Ped 65
Pura Puseh 32
Pura Rambut Siwi 59 ff.
Pura Sakenan 68
Pura Taman Ayun (G 5) 58, *84*
Pura Tanah Lot (G 6) 51, 67, *85*
Pura Tegeh Koripan 35
Pura Tirta Empul 77
Pura Ulun Danu 35 f.
Puri Agung Kanginan 29 f.

Reisezeit 22
River Rafting 18 f.
Rimba Reptil – Bali Reptile Park 33

Sangeh (›Affenwald‹, H 5) 58 f., *84*
Sangsit 57
Sanur (H 6/7) 18 f., 67 ff.
Sebali 88 f.
Sebudi 93
Selat 92 f.
Semarapura s. Klungkung
Seminyak 18, 50
Sengkidu 40

Serangan 63, 67 f.
Singaraja (G 1) 70 f.
Sing Sing-Wasserfall 56
Sprache 17, *20f.*
Sukawati (H 6) 72, 86
Suluban 51
Surfen *19*, 50f., 59, 67

Tabanan (G 5) 72
Taman Burung – Bali Bird Park 32
Taman Gili 47
Tamblingan-See 35, 56
Tanz 14, 32, 33, 44f., 81
Taro 88 f.
Tauchen *19*, 28, 51, 56, 61, 64, 65, 67
Telega Waja 19
Tenganan (L 5) 39, 41, *90 f.*
Tennis 64
Tirtagangga (L 4) 30, *73*
Tista 30
Totenverbrennung 15
Toya Bungkah 18, *34*
Trunyan 34
Tulamben 19

Ubud (H 5) 18 f., *73 ff.*, 87, *88 f.*
Ujung 30
Unterkunft 25

Wandern/Bergsteigen *18*, 61, 75, *88 f.*, *92 f.*
Wasserbüffelrennen 62
Wasserski 36
Werdhi Budaya Art Center 42

Yeh Pulu 76